Eva Perón
La razón de mi vida
y otros escritos

Documento

Eva Perón en la Scala de Milán

LA RAZÓN DE MI VIDA

Y OTROS ESCRITOS

(EVITA POR ELLA MISMA)

PLANETA

© Herederos de María Eva Duarte
   de Perón, 1996
© Editorial Planeta Argentina, S. A. I. C., 1996
© Editorial Planeta, S. A., 1997
   Córcega, 273-279, 08008 Barcelona
   (España)
Diseño cubierta: Silvia Antem
Ilustración cubierta: Eva Duarte, fotografía
publicada en la revista «Sintonía» el 1 de
mayo de 1945
Primera edición: marzo de 1997
Depósito Legal: B. 3.609-1997
ISBN 84-08-02025-0
Impresión: Liberduplex, S. L.
Encuadernación: Serveis Gràfics 106, S. L.
Printed in Spain - Impreso en España

ÍNDICE

LA RAZÓN DE MI VIDA

NOTA DEL EDITOR

Sin duda, Eva Perón es una figura mítica de la historia, una de las pocas mujeres en el mundo que se dedicó a la lucha política y que levantó las banderas de la justicia social para combatir por sus ideales. Mucho se ha escrito sobre ella, en un intento por retratarla e interpretarla. Incluso se la ha transformado en un gran personaje literario. Escritos desde la subjetividad, o desde distintas posiciones políticas, estos intentos no han logrado despejar la curiosidad, ni unifican las múltiples versiones que circulan acerca de Evita Perón. Lo que es evidente es que su personalidad ha fascinado a todos y a cada uno de los que han buceado en su vida —biógrafos, novelistas, directores y guionistas de cine—: en muchos casos a pesar de ellos mismos y más allá de sus ideas políticas.

María Eva Duarte nació el 7 de mayo de 1919 en Los Toldos, provincia de Buenos Aires. Cuando tenía 13 años se traslada junto con su familia a Junín, donde su madre trabaja como costurera. Eva era una chica solitaria, soñadora y rebelde. En 1935, a los 18 años, viaja a Buenos Aires acompañada por su madre: quiere ser actriz.

En 1944 participa en el festival de solidaridad con los damnificados por el terremoto de San Juan, que se organiza en el Luna Park. Allí conoce al coronel Juan Domingo Perón, que ocupa la Secretaría de Trabajo y Previsión.

Ya nunca se separará de él. Luego de la lucha que lleva a Perón preso a la isla Martín García y que desencadena el multitudinario apoyo popular del 17 de octubre de 1945, la pareja se casa en Junín.

Al asumir Perón la presidencia de la nación en 1946, Evita ofrece su colaboración. Su ascensión a la estructura de poder es un resultado de los cambios políticos que se van gestando a partir de ese año. Tiene 27 años. Perón delega en ella el contacto con los trabajadores, y Evita adquiere así la legitimidad necesaria para iniciar sus actividades. Colabora estrechamente con la CGT, recibe a delegaciones de obreros, escucha sus necesidades y se ocupa de que se les procure solución. Visita fábricas y asiste a actos gremiales. Es «plenipotenciaria» de Perón. Resulta evidente para todos que Evita tiene un talento especial.

En 1947 Evita viaja a España en representación de Perón. Franco la ha invitado oficialmente y la recibe con todos los honores. También visita Italia, Portugal, Francia y Suiza. Antes de volver a Buenos Aires, pasa por Brasil y Uruguay. En los dos países es homenajeada. El viaje, de tres meses, ha sido un éxito.

Evita retoma su trabajo de activa colaboración con la política social del gobierno. Las delegaciones gremiales que la visitan no le reclaman nada sino que le entregan donaciones de sindicatos o agrupaciones para lo que en un principio se llamó «Cruzada de Ayuda Social María Eva Duarte de Perón» y luego sería la Fundación Eva Perón. Desde allí construye hospitales, hoteles, colonias de vacaciones, barrios obreros y hogares de ancianos y «de tránsito», destinados a aquellos que venían del interior a hacer trámites en la capital y no tenían donde alojarse. Cada jornada atiende personalmente las necesidades de cientos de personas, especialmente a los niños, a mujeres y a hombres desamparados y a los ancianos, quienes no tenían jubilación y por lo tanto necesitaban pensiones o subsidios para no terminar sus días en la indigencia.

En 1949 organiza el Partido Peronista Femenino, del cual es proclamada jefa. La causa de las mujeres es para ella una de sus banderas más preciadas y, a partir de la sanción del voto femenino en 1947, por el cual las argentinas ejercerán un derecho que venían reclamando desde hacía cincuenta años, se empeñará en la reivindicación de las mujeres como protagonistas de la historia.

La vida de Evita estuvo dedicada enteramente al trabajo con un ritmo febril, como si supiera que no tenía demasiado tiempo por delante para hacer todo lo que era necesario. Luego de una jornada de intensa labor, volvía a su casa de madrugada, apenas comía y dormía, para retomar la actividad en seguida.

Fue el cáncer lo que la obligó a detenerse. Murió el 26 de julio de 1952, cuando tenía apenas 33 años. Las manifestaciones de tristeza y desamparo del pueblo ante su muerte causaron un fuerte impacto también en los rivales que ella enfrentó, y las imágenes de las colas interminables que serpenteaban bajo la lluvia durante días para despedirse y acompañar su cuerpo, son recordadas en el mundo entero.

La idea de reeditar hoy *La razón de mi vida* en una versión completa fue alentada por la familia de Eva Duarte de Perón ante la multiplicidad de ediciones distorsionadas que han circulado en estos años. Evita trabajó en el contenido del libro con el periodista Manuel Penella de Silva, quien le dio su forma definitiva. Es bien sabido que la mayoría de los presidentes y de las figuras públicas no escriben de su puño y letra los libros que los representan.

En esta edición hemos sumado una segunda parte, con una selección de los discursos que Evita pronunció entre 1946 y 1952. En estos textos es Evita comunicándose de corazón a corazón con su pueblo. «Oímos» su voz, a veces enternecida, otras temeraria, que llega a conmover hoy, a casi medio siglo de su muerte, incluso a quienes no son ni fueron peronistas. Evita, que empezó siendo el mágico y afectuoso canal de comunicación entre Perón y su pueblo, pronto se transformó en la luz, la esperanza en un verdadero cambio social, en el símbolo supremo de un combate histórico. Su discurso se despega progresivamente del de Perón, hasta que en los últimos años ya no lee, les habla a sus «grasitas».

Comprendemos así por qué Evita enfervorizaba multitudes y por qué se ha dicho que ella obtenía apoyos del pueblo que Perón no podía conseguir. Este poder se lo daba la gente por defender sus derechos genuinamente, sin especulaciones ni demagogias, como nadie lo había hecho hasta ese momento, y nadie lo volvió a hacer. A los desprotegidos les enseñó a creer en su dignidad y en sus derechos, y ella fue la primera en practicarlo. En estas páginas surge con fuerza arrolladora la mujer de acción, inagotable. Y, aunque proclamó mil veces que ella no quería ser más que una «descamisada», el pueblo le dio el estatuto de santa, de mártir que murió por ellos a los 33 años, como Jesucristo.

Amada e idolatrada por los sectores desposeídos, odiada y repudiada por las clases altas, tal vez Eva Perón sea la figura femenina más trascendente de la historia de este siglo. En este libro *es Evita quien habla por sí misma*; aquí podrá el lector acercarse, por fin, a lo que ella fue en realidad, sin mediaciones ni interpretaciones.

Con esta edición, por primera vez ponemos al alcance del público un documento que todos los argentinos queremos conocer y conservar, con independencia de nuestras posiciones políticas. Esto nos parece de un valor incalculable.

LA RAZÓN
DE MI VIDA

PRÓLOGO

Este libro ha brotado de lo más íntimo de mi corazón. Por más que, a través de sus páginas, hablo de mis sentimientos, de mis pensamientos y de mi propia vida, en todo lo que he escrito el menos advertido de mis lectores no encontrará otra cosa que la figura, el alma y la vida del general Perón y mi entrañable amor por su persona y por su causa.

Muchos me reprocharán que haya escrito todo esto pensando solamente en él; yo me adelanto a confesar que es cierto, totalmente cierto.

Y yo tengo mis razones, mis poderosas razones que nadie podrá discutir ni poner en duda: yo no era ni soy nada más que una humilde mujer... un gorrión en una inmensa bandada de gorriones... Y él era y es el cóndor gigante que vuela alto y seguro entre las cumbres y cerca de Dios.

Si no fuese por él que descendió hasta mí y me enseñó a volar de otra manera, yo no hubiese sabido nunca lo que es un cóndor ni hubiese podido contemplar jamás la maravillosa y magnífica inmensidad de mi pueblo.

Por eso ni mi vida ni mi corazón me pertenecen y nada de todo lo que soy o tengo es mío. Todo lo que soy, todo lo que tengo, todo lo que pienso y todo lo que siento es de Perón.

Pero yo no me olvido ni me olvidaré nunca de que fui gorrión ni de que sigo siéndolo. Si vuelo más alto es por él. Si ando entre las cumbres, es por él. Si a veces toco casi el cielo con mis alas, es por él. Si veo claramente lo que es mi pueblo y lo quiero y siento su cariño acariciando mi nombre, es solamente por él.

Por eso le dedico a él, íntegramente, este canto que, como el de los gorriones, no tiene ninguna belleza, pero es humilde y sincero, y tiene todo el amor de mi corazón.

EVA PERÓN

Primera parte

LAS CAUSAS
DE MI MISIÓN

I

UN CASO DE AZAR

Mucha gente no se puede explicar el caso que me toca vivir.

Yo misma, muchas veces, me he quedado pensando en todo esto que es ahora mi vida.

Algunos de mis contemporáneos lo atribuyen todo al azar... ¡esa cosa rara e inexplicable que no explica tampoco nada!

No. No es el azar lo que me ha traído a este lugar que ocupo, a esta vida que llevo.

Claro que todo esto sería absurdo como es el azar si fuese cierto lo que mis supercríticos afirman cuando dicen que de buenas a primeras yo, «una mujer superficial, escasa de preparación, vulgar, ajena a los intereses de mi patria, extraña a los dolores de mi pueblo, indiferente a la justicia social y sin nada serio en la cabeza, me hice de pronto fanática en la lucha por la causa del pueblo y que haciendo mía esa causa me decidí a vivir una vida de incomprensible sacrificio».

Yo misma quiero explicarme aquí.

Para eso he decidido escribir estos apuntes.

Confieso que no lo hago para contradecir o refutar a nadie.

¡Quiero más bien que los hombres y mujeres de mi pueblo sepan cómo siento y cómo pienso...!

Quiero que sientan conmigo las cosas grandes que mi corazón experimenta.

Seguramente, muchas de las cosas que diré son enseñanzas que yo recibí gratuitamente de Perón y que no tengo tampoco derecho a guardar como un secreto.

II

UN GRAN SENTIMIENTO

He tenido que remontarme hacia atrás en el curso de mi vida para hallar la primera razón de todo lo que ahora me está ocurriendo.

Tal vez haya dicho mal diciendo «la primera razón»; porque la verdad es que siempre he actuado en mi vida más bien impulsada y guiada por mis sentimientos.

Hoy mismo, en este torrente de cosas que debo realizar, me dejo conducir muchas veces, casi siempre, más por lo que siento que por otros motivos.

En mí, la razón tiene que explicar, a menudo, lo que siento; y por eso, para explicar mi vida de hoy, es decir lo que ahora hago, de acuerdo con lo que mi alma siente, tuve que ir a buscar, en mis primeros años, los primeros sentimientos que hacen razonable, o por lo menos explicable, todo lo que es para mis supercríticos un «incomprensible sacrificio» que para mí, ni es sacrificio, ni es incomprensible.

He hallado en mi corazón un sentimiento fundamental que domina desde allí, en forma total, mi espíritu y mi vida: ese sentimiento es mi indignación frente a la injusticia.

Desde que yo me acuerdo, cada injusticia me hace doler el alma como si me clavase algo en ella. De cada edad guardo el recuerdo de alguna injusticia que me sublevó desgarrándome íntimamente.

Recuerdo muy bien que estuve muchos días triste cuando me enteré que en el mundo había pobres y había ricos; y lo extraño es que no me doliese tanto la existencia de los pobres como el saber que al mismo tiempo había ricos.

III

LA CAUSA DEL «SACRIFICIO INCOMPRENSIBLE»

El tema de los ricos y de los pobres fue, desde entonces, el tema de mis soledades. Creo que nunca lo comenté con otras personas, ni siquiera con mi madre, pero pensaba en él frecuentemente.

Me faltaba sin embargo, todavía, dar un paso más en el camino de mis descubrimientos.

Yo sabía que había pobres y que había ricos; y sabía que los pobres eran más que los ricos y estaban en todas partes.

Me faltaba conocer todavía la tercera dimensión de la injusticia.

Hasta los once años creí que había pobres como había pasto y que había ricos como había árboles.

Un día oí por primera vez de labios de un hombre de trabajo que había pobres porque los ricos eran demasiado ricos; y aquella revelación me produjo una impresión muy fuerte.

Relacioné aquella opinión con todas las cosas que había pensado sobre el tema... y casi de golpe me di cuenta de que aquel hombre tenía razón. Más que creerlo por un razonamiento, «sentí» que era verdad.

Por otra parte, ya en aquellos tiempos creía más en lo que decían los pobres que los ricos porque me parecían más sinceros, más francos y también más buenos. Con aquel último paso había llegado a conocer la tercera dimensión de la injusticia social.

Este último paso del descubrimiento de la vida y del problema social lo da indudablemente mucha gente. La mayoría de los hombres y mujeres saben que hay pobres porque hay ricos pero lo aprenden insensiblemente y tal vez por eso les parece natural y lógico.

Yo reconozco que lo supe casi de golpe y que lo supe sufriendo y declaro que nunca me pareció ni lógico ni natural.

Sentí, ya entonces, en lo íntimo de mi corazón algo que ahora reconozco como sentimiento de indignación. No comprendía que habiendo pobres hubiese ricos y que el afán de éstos por la riqueza fuese la causa de la pobreza de tanta gente.

Nunca pude pensar, desde entonces, en esa injusticia sin indignarme, y pensar en ella me produjo siempre una rara sensación de asfixia, como si no pudiendo remediar el mal que yo veía, me faltase el aire necesario para respirar.

Ahora pienso que la gente se acostumbra a la injusticia social en los primeros años de la vida. Hasta los pobres creen que la miseria que padecen es natural y lógica. Se acostumbran a verla o sufrirla como es posible acostumbrarse a un veneno poderoso.

Yo no pude acostumbrarme al veneno y nunca, desde los once años, me pareció natural y lógica la injusticia social.

Esto es tal vez lo único inexplicable de mi vida; lo

único que ciertamente aparece en mí sin causa alguna.

Creo que así como algunas personas tienen una especial disposición del espíritu para sentir la belleza como no la sienten todos, más intensamente que los demás, y son por eso poetas o pintores o músicos, yo tengo, y ha nacido conmigo, una particular disposición del espíritu que me hace sentir la injusticia de manera especial, con una rara y dolorosa intensidad.

¿Puede un pintor decir por qué él ve y siente los colores? ¿Puede un poeta explicar por qué es poeta?

Tal vez por eso yo no pueda decir jamás por qué «siento» la injusticia con dolor y por qué no terminé nunca de aceptarla como cosa natural, como lo acepta la mayoría de los hombres.

Pero, aunque no pueda explicarse a sí mismo, lo cierto es que mi sentimiento de indignación por la injusticia social es la fuerza que me ha llevado de la mano, desde mis primeros recuerdos, hasta aquí... y que ésa es la causa última que explica cómo una mujer que apareció alguna vez a la mirada de algunos como «superficial, vulgar e indiferente», pueda decidirse a realizar una vida de «incomprensible sacrificio».

IV

ALGÚN DÍA TODO CAMBIARÁ

Nunca pensé, sin embargo, que me iba a tocar una participación tan directa en la lucha de mi pueblo por la justicia social.

Débil mujer al fin, yo nunca me imaginé que el grave problema de los pobres y de los ricos iba a golpear un día tan directamente a las puertas de mi corazón reclamando mi humilde esfuerzo para una solución en mi patria.

A medida que avanzaba en la vida, eso sí, el problema me rodeaba cada día más. Tal vez por eso intenté evadirme de mí misma, olvidarme de mi único tema: y me entregué intensamente a mi extraña y profunda vocación artística.

Recuerdo que, siendo una chiquilla, siempre deseaba declamar. Era como si quisiese decir siempre algo a los demás, algo grande, que yo sentía en lo más hondo de mi corazón.

¡Cuando ahora hablo a los hombres y mujeres de mi pueblo siento que estoy expresando «aquello» que intentaba decir cuando declamaba en las fiestas de mi escuela!

Mi vocación artística me hizo conocer otros paisajes: dejé de ver las injusticias vulgares de todos los días y empecé a vislumbrar primero y a conocer después las grandes injusticias; y no solamente las vi en la ficción que representaba sino también en la realidad de mi nueva vida.

Quería no ver, no darme cuenta, no mirar la desgracia, el infortunio, la miseria; pero más quería olvidarme y más me rodeaba la injusticia.

Los síntomas de la injusticia social en que vivía nuestra patria se me aparecían entonces a cada paso; en cada recodo del camino; y me acorralaban en cualquier parte y todos los días.

Poco a poco, mi sentimiento fundamental de indignación por la injusticia llenó la copa de mi alma hasta el borde de mi silencio, y empecé a intervenir en algunos conflictos...

Personalmente nada me iba en ellos y nada ganaba con meterme a querer arreglarlos; lo único que conseguía era malquistarme con todos los que, a mi modo de ver, explotaban sin misericordia la debilidad ajena. Es que eso iba resultando progresivamente superior a mis fuerzas, y mis mejores propósitos de callarme y de «no meterme» se me venían abajo en la primera ocasión.

Empezaba a manifestarse así mi rebeldía íntima.

Reconozco que, algunas veces, mis reacciones no fueron adecuadas y que mis palabras y mis actos resultaban exagerados en relación con la injusticia provocadora.

¡Pero es que yo reaccionaba más que contra «esa» injusticia, contra toda injusticia!

Era mi desahogo, mi liberación, y el desahogo lo

mismo que la liberación suelen ser a menudo exagerados, sobre todo cuando es muy grande la fuerza que oprime.

Alguna vez, en una de esas reacciones mías, recuerdo haber dicho: «Algún día todo esto cambiará...», y no sé si eso era ruego o maldición o las dos cosas juntas.

Aunque la frase es común en toda rebeldía, yo me reconfortaba en ella como si creyese firmemente en lo que decía. Tal vez ya entonces creía de verdad que algún día todo sería distinto; pero lógicamente no sabía cómo ni cuándo; y menos aún que el destino me daría un lugar, muy humilde pero lugar al fin, en la hazaña redentora.

En el lugar donde pasé mi infancia los pobres eran muchos más que los ricos, pero yo traté de convencerme de que debía de haber otros lugares de mi país y del mundo en que las cosas ocurriesen de otra manera y fuesen más bien al revés.

Me figuraba por ejemplo que las grandes ciudades eran lugares maravillosos donde no se daba otra cosa que la riqueza; y todo lo que oía yo decir a la gente confirmaba esa creencia mía. Hablaban de la gran ciudad como de un paraíso maravilloso donde todo era lindo y era extraordinario y hasta me parecía entender, de lo que decían, que incluso las personas eran allá «más personas» que las de mi pueblo.

* * *

Un día —habría cumplido ya los siete años— visité la ciudad por vez primera. Llegando a ella descubrí que no era cuanto yo había imaginado. De entrada vi sus barrios de «miseria», y por sus calles y sus casas supe que en la ciudad también había pobres y que había ricos.

Aquella comprobación debió dolerme hondamente porque cada vez que de regreso de mis viajes al interior del país llego a la ciudad me acuerdo de aquel primer encuentro con su grandeza y su miseria; y vuelvo a experimentar la sensación de íntima tristeza que tuve entonces.

Solamente una vez en mi vida he sentido una tristeza igual a la de aquella desilusión: fue cuando supe que los Reyes Magos no pasaban de verdad con sus camellos y con sus regalos.

Así mi descubrimiento de que también en la ciudad había pobres y que, por lo tanto, estaban en todas partes, en todo el mundo, me dejó una marca dolorosa en el corazón.

Aquel mismo día descubrí también que los pobres eran indudablemente más que los ricos y no sólo en mi pueblo sino en todas partes.

V

ME RESIGNÉ A SER VÍCTIMA

Un día me asomé, por la curiosidad que derivaba de mi inclinación, a la prensa que se decía del pueblo.

Buscaba una compañía... ¿No es acaso verdad que casi siempre, en los libros y diarios que leemos, buscamos más una compañía que un camino para recorrer o un guía que nos conduzca?

Por eso tal vez leí la prensa de izquierda de nuestro país; pero no encontré en ella ni compañía, ni camino y menos quien me guiase.

Los «diarios del pueblo» condenaban, es verdad, al capital y a determinados ricos con lenguaje duro y fuerte, señalando los defectos del régimen social oprobioso que aguantaba el país.

Pero en los detalles, y aun en el fondo de la prédica que sostenían, se veía fácilmente la influencia de ideas remotas, muy alejadas de todo lo argentino; sistemas y fórmulas ajenas de hombres extraños a nuestra tierra y a nuestros sentimientos.

Se veía bien claro que lo que ellos deseaban para el

pueblo argentino no vendría del mismo pueblo. Y esta comprobación me puso de inmediato en guardia...

Me repugnaba asimismo otra cosa: que la fórmula para la solución de la injusticia social fuese un sistema igual y común para todos los países y para todos los pueblos y yo no podía concebir que para destruir un mal tan grande fuese necesario atacar y aniquilar algo tan natural y tan grande también como es la patria.

Quiero aclarar aquí que hasta no hace muchos años, en este país, muchos «dirigentes» sindicales (a sueldo) consideraban que la patria y sus símbolos eran prejuicios del capitalismo, lo mismo que la religión.

El cambio que después hicieron es otra razón que me hizo desconfiar de la sinceridad de estos «ardientes defensores del pueblo».

La lectura de la prensa que ellos difundían me llevó, eso sí, a la conclusión de que la injusticia social de mi patria sólo podría ser aniquilada por una revolución; pero me resultaba imposible aceptarla como una revolución internacional venida desde afuera y creada por hombres extraños a nuestra manera de ser y de pensar.

Yo sólo podía concebir soluciones caseras, resolviendo problemas a la vista, soluciones simples y no complicadas teorías económicas; en fin, soluciones patrióticas, nacionales como el propio pueblo que debían redimir.

¿Para qué —me decía yo— aumentar, por otra parte, la desgracia de los que padecen la injusticia quitándoles, de ese mundo que estaban acostumbrados a contemplar, la visión de la patria y de la fe?

Me decía que era como quitar el cielo de un paisaje.

¿Por qué, en vez de atacar constantemente a la patria y la religión, no trataban los «dirigentes del pueblo» de poner esas fuerzas morales al servicio de la causa de la redención del pueblo?

Sospeché que aquella gente trabajaba más que por el bienestar de los obreros, por debilitar a la nación en sus fuerzas morales.

¡No me gustó el remedio para la enfermedad!

Yo sabía poco pero me guiaban mi corazón y mi sentido común y volví a mis pensamientos de antes y a mis propios pensamientos, convencida de que no tenía nada que hacer en aquella clase de luchas.

Me resigné a vivir en la íntima rebeldía de mi indignación.

A mi natural indignación por la injusticia social se añadió, desde entonces, la indignación que habían levantado en mi corazón, las soluciones que proponían y la deslealtad de los presuntos «conductores del pueblo» que acababa de conocer.

¡Me resigné a ser víctima!

VI

MI DÍA MARAVILLOSO

En todas las vidas hay un momento que parece definitivo.

Es el día en que una cree que ha empezado a recorrer un camino monótono, sin altibajos, sin recodos, sin paisajes nuevos. Una cree que, desde ese momento en adelante, toda la vida ha de hacer ya siempre las mismas cosas, ha de cumplir las mismas actividades cotidianas, y que el rumbo del camino está en cierto modo tomado definitivamente.

Eso, más o menos, me sucedió en aquel momento de mi vida.

Dije que me había resignado a ser víctima. Más aún: me había resignado a vivir una vida común, monótona, que me parecía estéril pero que consideraba inevitable. Y no veía ninguna esperanza de salir de ella. Por otra parte, aquella vida mía, agitada dentro de su monotonía, no me daba tiempo para nada.

Pero, en el fondo de mi alma, no podía resignarme a que aquello fuese definitivo.

Por fin llegó «mi día maravilloso».

Todos, o casi todos, tenemos en la vida un «día maravilloso».

Para mí, fue el día en que mi vida coincidió con la vida de Perón.

El encuentro me ha dejado en el corazón una estampa indeleble; y no puedo dejar de pintarla porque ella señala el comienzo de mi verdadera vida.

* * *

Ahora sé que los hombres se clasifican en dos grupos; uno, grande, infinitamente numeroso, es el de los que se afanan por las cosas vulgares y comunes; y que no se mueven sino por caminos conocidos que otros ya han recorrido. Se conforman con alcanzar un éxito. El otro grupo, pequeño, muy pequeño, es el de los hombres que conceden un valor extraordinario a todo aquello que es necesario hacer. Éstos no se conforman sino con la gloria. Aspiran ya el aire del siglo siguiente, que ha de cantar sus glorias y viven casi en la eternidad.

Hombres para quienes un camino nuevo ejerce siempre una atracción irresistible. Para Alejandro fue el camino de Persia, para Colón, el camino de las Indias, para Napoleón, el que conducía al imperio del mundo, para San Martín el camino llevaba a la libertad de América.

A esta clase de hombres pertenecía el hombre que yo encontré.

En mi país lo que estaba por hacer era nada menos que una Revolución.

Cuando la «cosa por hacer» es una Revolución, entonces el grupo de hombres capaces de recorrer ese camino hasta el fin se reduce a veces al extremo de desaparecer.

Muchas revoluciones han sido iniciadas aquí y en todos los países del mundo. Pero una Revolución es siempre un camino nuevo cuyo recorrido es difícil y no está hecho sino para quienes sienten la atracción irresistible de las empresas arriesgadas.

Por eso fracasaron y fracasan todos los días revoluciones deseadas por el pueblo y aun realizadas con su apoyo total.

Cuando la Segunda Guerra Mundial aflojó un poco la influencia de los imperialismos que protegían a la oligarquía entronizada en el gobierno de nuestro país, un grupo de hombres decidió hacer la Revolución que el pueblo deseaba.

Aquel grupo de hombres intentaba, pues, el camino nuevo; pero después de los primeros encuentros con la dura realidad de las dificultades, la mayoría empezó a repetir lo mismo de otras revoluciones... y «*la Revolución*» fue quedando poco a poco en medio de la calle, en el aire del país, en la esperanza del pueblo como algo que todavía era necesario realizar.

Sin embargo, entre los gestores de aquel movimiento, un hombre insistía en avanzar por el camino difícil.

Yo lo vi aparecer, desde el mirador de mi vieja inquietud interior. Era evidentemente distinto de todos los demás. Otros gritaban «fuego» y mandaban avanzar.

Él gritaba «fuego» y avanzaba él mismo, decidido y tenaz en una sola dirección, sin titubear ante ningún obstáculo.

En aquel momento sentí que su grito y su camino eran mi propio grito y mi propio camino.

Me puse a su lado. Quizás ello le llamó la atención y cuando pudo escucharme, atiné a decirle con mi mejor palabra: «Si es, como usted dice, la causa del pueblo su propia causa, por muy lejos que haya que ir en el sacrificio no dejaré de estar a su lado, hasta desfallecer.»

Él aceptó mi ofrecimiento.

Aquél fue «mi día maravilloso».

VII

¡SÍ, ÉSTE ES EL HOMBRE DE MI PUEBLO!

Pronto, desde los bordes del camino, los «hombres comunes» empezaron a apedrearnos con amenazas, insultos y calumnias.

Los «hombres comunes» son los eternos enemigos de toda cosa nueva, de todo progreso, de toda idea extraordinaria y por lo tanto de toda revolución.

Por eso dijo alguien «el hombre mediocre es el más feroz y más frío enemigo del hombre de genio».

Todo lo extraordinario es para ellos locura imperdonable, fanatismo exagerado y peligroso.

Yo los he visto y los veo todavía mirándome «compasivos» y «misericordiosos» con ese aire de superioridad que los define...

Nunca entenderán cómo y por qué alguien puede hacer una cosa distinta de la que ellos piensan ¡y nunca hacen nada que no sea para ellos!

Lo vieron avanzar a Perón y primero se reían de él creyéndole y aun diciéndole loco.

Pero cuando descubrieron que el loco incendiaba y

que el incendio se propagaba por todas partes y ya les tocaba en sus intereses y en sus ambiciones, entonces se alarmaron y organizándose en la sombra se juramentaron para hacerlo desaparecer.

No contaron con el pueblo. Nunca se les había ocurrido pensar en el pueblo ni imaginaron que el pueblo podría alguna vez por sí mismo hacer su voluntad y decidir su destino.

* * *

¿Por qué los hombres humildes, los obreros de mi país no reaccionaron como los «hombres comunes» y en cambio comprendieron a Perón y creyeron en él?

La explicación es una sola: basta verlo a Perón para creer en él, en su sinceridad, en su lealtad y en su franqueza.

Ellos lo vieron y creyeron.

Se repitió aquí el caso de Belén, hace dos mil años; los primeros en creer fueron los humildes, no los ricos, ni los sabios, ni los poderosos.

Es que ricos y sabios y poderosos deben tener el alma casi siempre cerrada por el egoísmo y la avaricia.

En cambio los pobres, lo mismo que en Belén, viven y duermen al aire libre y las ventanas de sus almas sencillas están casi siempre abiertas a las cosas extraordinarias.

Por eso vieron y creyeron. Vieron también cómo un hombre se lo jugaba todo por ellos. Yo sé bien cuántas veces él apostó todo a una sola carta por su pueblo.

Felizmente ganó. De lo contrario hubiese perdido todo, incluso la vida.

Yo, mientras tanto, cumplía mi promesa de «estar a su lado».

Sostenía la lámpara que iluminaba sus noches; enardeciéndole como pude y como supe, cubriéndole la espalda con mi amor y con mi fe.

Muchas veces lo vi, desde un rincón de su despacho en la querida Secretaría de Trabajo y Previsión, él escuchando a los humildes obreros de mi patria, hablando con ellos de sus problemas, dándoles las soluciones que venían reclamando desde hacía muchos años. Nunca se borrarán de mi memoria aquellos cuadros iniciales de nuestra vida común.

Allí le conocí franco y cordial, sincero y humilde, generoso e incansable, allí vislumbré la grandeza de su alma y la intrepidez de su corazón.

Viéndolo se me ensanchaba el espíritu como si todo aquello fuesen cielo y aire puros. La vieja angustia de mi corazón empezaba a deshacerse en mí como la escarcha y la nieve bajo el sol. Y me sentía infinitamente feliz. Y me decía a mí misma, cada vez con más fuerza: «Sí, éste es el hombre. Es el hombre de mi pueblo. Nadie puede compararse con él».

Y cuando le veía estrechar las manos callosas y duras de los trabajadores yo no podía dejar de pensar que en él y por él mi pueblo, por primera vez, se daba la mano con la felicidad.

VIII

LA HORA DE LA SOLEDAD

El incendio seguía avanzando con nosotros. Los «hombres comunes» de la oligarquía cómoda y tranquila empezaron a pensar que era necesario acabar con el incendiario. Creían que con eso acabaría el incendio.

Por fin se decidieron a realizar sus planes.

Esto sucedió en la última hora de la Argentina oligárquica. ¡Después, amaneció...!

Durante casi ocho días lo tuvieron a Perón entre sus manos.

Yo no estuve en la cárcel con él; pero aquellos ocho días me duelen todavía; y más, mucho más, que si los hubiese podido pasar en su compañía, compartiendo su angustia.

Al partir me recomendó que estuviese tranquila. Confieso que nunca lo vi tan magnífico en su serenidad. Recuerdo que un embajador amigo vino a ofrecerle el amparo de una nación extranjera. En pocas palabras y con un gesto simple decidió quedarse en su patria, para afrontarlo todo entre los suyos.

Desde que Perón se fue hasta que el pueblo lo reconquistó para él —¡y para mí!— mis días fueron jornadas de dolor y de fiebre.

Me largué a la calle buscando a los amigos que podían hacer todavía alguna cosa por él.

Fui así, de puerta en puerta. En ese penoso e incesante caminar sentía arder en mi corazón la llama de su incendio, que quemaba mi absoluta pequeñez.

Nunca me sentí —lo digo de verdad— tan pequeña, tan poca cosa como en aquellos ocho días memorables.

Anduve por todos los barrios de la gran ciudad. Desde entonces conozco todo el muestrario de corazones que laten bajo el cielo de mi patria.

A medida que iba descendiendo desde los barrios orgullosos y ricos a los pobres y humildes las puertas se iban abriendo generosamente, con más cordialidad.

Arriba conocí únicamente corazones fríos, calculadores, «prudentes» corazones de «hombres comunes» incapaces de pensar o de hacer nada extraordinario, corazones cuyo contacto me dio náuseas, asco y vergüenza.

¡Esto fue lo peor de mi calvario por la gran ciudad! La cobardía de los hombres que pudieron hacer algo y no lo hicieron, lavándose las manos como Pilatos, me dolió más que los bárbaros puñetazos que me dieron cuando un grupo de cobardes me denunció gritando: «¡Ésa es Evita!»

Estos golpes, en cambio, me hicieron bien.

Por cada golpe me parecía morir y sin embargo a cada golpe me sentía nacer. Algo rudo pero al mismo tiempo inefable fue aquel bautismo de dolor que me purificó de toda duda y de toda cobardía.

¿Acaso no le había dicho yo a él «...por muy lejos que

haya que ir en el sacrificio no dejaré de estar a su lado, hasta desfallecer»?

Desde aquel día pienso que no debe ser muy difícil morir por una causa que se ama. O simplemente: morir por amor.

IX

UNA GRAN LUZ

Conservo muchos recuerdos de aquellos días de angustias y de amarguras.

Al lado de las sombras que fueron la traición y la cobardía de muchos aparecen, entre mis recuerdos, los gestos iluminados de la lealtad y del valor.

Pero yo no quiero escribir todavía en detalle todo eso.

La semana de octubre de 1945 es un paisaje de muchas sombras y de muchas luces. Será mejor que no nos acerquemos demasiado a él... y que más bien lo veamos otra vez, desde más lejos. Esto no me impide sin embargo decir con absoluta franqueza, y como un anticipo de cuanto alguna vez he de escribir en detalle, que la luz vino únicamente desde el pueblo.

En este libro, que quiere exponer las causas y los objetivos de la misión que me he propuesto cumplir, no puedo dejar de recordar un episodio que figura en mi espíritu como una razón fundamental de lo que soy en esta hora de mi patria, y que por sus hondas sugerencias contribuyó a conducirme al puesto que ahora ocupo en el Movimiento Justicialista.

Recuerdo que en mi soledad y en mi amargura, y mientras recorría la gran ciudad, esperaba a cada instante recibir algún mensaje del Líder ausente y prisionero. Me imaginaba que de alguna manera él se ingeniaría para hacerme saber cómo estaba y dónde estaba; y esperaba sus noticias con el alma en un hilo, torturada por la angustia.

Conservo de aquellos días varios mensajes manuscritos por él; y en todos ellos aparece, en su letra clara, firme y decidida, la serenidad con que su espíritu afrontaba los acontecimientos.

En todos sus mensajes no hizo otra cosa que recomendarme a sus obreros «que estuviesen tranquilos, que no se preocupasen por él, que no creasen situaciones de violencia...».

Yo —lo confieso honradamente— busqué con afán en todas sus cartas una palabra que me dijese su amor.

En cambio casi no hablaba sino de sus «trabajadores»..., a quienes por aquellos días la oligarquía, suelta por las calles, empezó a llamar «descamisados».

Su rara insistencia me iluminó: ¡aquel «encargarme de sus trabajadores» era su palabra de amor, su más sentida palabra de amor!

Comprender aquello fue —y lo es todavía— una gran luz en mi vida...

A mí, a una humilde y pequeña mujer, me encomendaba el cuidado de sus trabajadores, lo que él más quería. Y yo me dije a mí misma: «Pudo encomendárselo a otros, a cualquiera de sus amigos, incluso a algún dirigente gremial... pero no, quiso que fuese yo... ¡una mujer que no sabe otra cosa que quererlo!»

Ésa era sin duda la prueba absoluta de su amor. Pero una prueba que exigía respuesta; y yo se la di.

Se la di entonces y se la sigo dando. Mientras viva no me olvidaré de que él, Perón, me encomendó a sus descamisados en la hora más difícil de su vida.

¡Mientras yo viva no me olvidaré que él, cuando quiso probarme su amor, me encargó que cuidase a sus obreros!

Él no encontró mejor manera de expresarme su amor y ahora estoy segura de que eligió la más pura y la más grande manera de decírmelo.

Desde entonces, cuando yo quiero a mi vez expresarle mi amor de mujer —¡y quiero expresárselo permanentemente!— no encuentro tampoco una manera más pura ni más grande que la de ofrecerle un poco de mi vida, quemándola por amor a sus «descamisados».

Esto, por otra parte, es mi deber de gratitud para con él y para con ellos y yo lo cumplo alegremente, feliz, como se cumplen todos los deberes que impone el amor.

X

VOCACIÓN Y DESTINO

No, no fue el azar la causa de todo esto que soy, en mi país y para mi pueblo. Creo firmemente que he sido forjada para el trabajo que realizo y la vida que llevo.

Cuando analizo, en la intimidad de mi alma, el caso que me ha tocado vivir, más y más me convenzo de la mentira que son el azar y la casualidad.

Si el azar y la casualidad gobernaran el mundo todo sería un grotesco caos; y no podríamos vivir en un escenario tan variable. No, el azar no gobierna al mundo ni a los hombres. Por fortuna, gracias a Dios las cosas suceden de otra manera, de otra manera que unos llaman Destino y otros Providencia y casi todos atribuimos a Dios.

Yo creo firmemente que, en verdad, existe una fuerza desconocida que prepara a los hombres y a las mujeres para el cumplimiento de la misión particular que cada uno debe realizar.

Si esa fuerza es maravillosamente divina o ha sido puesta por Dios en la naturaleza de la sociedad o del alma humana, yo no lo sé ni pretendo averiguarlo, pero creo que existe y que nos conduce sin forzarnos con tal que nosotros no le neguemos nuestra generosidad.

Lo indudable es que esta solución espiritual es también más fecunda que la otra del azar: el que se cree hijo de la suerte no se siente obligado a nada, puesto que el azar no tiene personalidad ni puede tener exigencias de ninguna clase: pero el que se sabe hijo de un Destino o de la Providencia o de una fuerza desconocida pero de un origen superior a su vida y a su naturaleza, tiene que sentirse responsable de la misión que le ha sido encomendada.

Perdónenseme estas explicaciones que, sin quererlo, casi han venido a dar con cierto tono de filosofía que no entiendo y no deseo hacer.

Sin embargo pienso que debí decir todo cuanto he dicho en primer lugar porque así lo siento y en segundo lugar porque me parece una cosa de simple sentido común.

Mi vida es una prueba de todo lo que he dicho. Si yo no hubiese llegado a ser lo que soy, toda mi vida hubiese quedado sin explicación.

¿Por qué yo he sufrido siempre ante la injusticia?

¿Por qué yo no me resigné jamás a ver pobres y ricos como una cosa natural y lógica? ¿Por qué siempre sentí indignación ante los dueños del poder y del dinero que explotaban a los humildes y a los pobres?

¿Por qué no pude librarme nunca de aquella angustia íntima que me ahogaba?

¿Por qué hasta «mi día maravilloso» me sentí sola, desconcertada, como si mi vida no tuviese sentido, ni razón?

Demasiadas preguntas hubiesen quedado sin respuesta si no hubiese encontrado a Perón en mi camino, y en él, la causa de mi pueblo.

No, no es el azar lo que pone a los hombres y a las mujeres al frente de las grandes causas.

Por el contrario, parece como que las grandes causas preparasen el alma de sus hombres y de sus mujeres. Esto en parte puede ser vocación, pero además hay evidentemente otra cosa cuya explicación no está en nosotros, ni está librada a la suerte del azar.

Por eso yo me permito insistir todavía en este tema con dos palabras más, que quisieran ser de humilde consejo.

Creo que si alguien se ve, de pronto, llevado a un puesto de responsabilidad en la lucha por una gran causa, debe buscar, en su vida y en sus recuerdos, la explicación de su caso; y la hallará sin duda.

Así sentirá todo el peso de su responsabilidad y trabajará lealmente por la causa que sirve.

Y pienso también que los que sean espectadores de un hecho tal no deben atribuirlo sin más trámite al azar. ¿No sería más sensato aceptar la presencia de algo más?

Y conste que yo no digo que sea directamente Dios quien determine todas estas cosas, pero sí que en su magnífico ordenamiento de todas las leyes y de todas las fuerzas habrá creado alguna ley o alguna fuerza que conduce a quienes libremente y generosamente quieran dejarse conducir.

Ésta es la humilde explicación que yo doy de mi vida y de mi caso.

Guardo entre los manuscritos de Perón uno que escribió sobre un tema parecido poco tiempo después de asumir la Presidencia.

En este borrador, él abordó, con su franqueza habitual, este raro asunto de la vocación y del destino.

Nada me ha parecido mejor que reproducirlo tal como él lo escribió; y como allí aparece toda su alma, en su sencillez y en su grandeza o sea en su genialidad, yo me ahorro el grave compromiso de presentarlo... cosa que —lo confieso— sería tarea imposible para mí.

Para saber cómo es el sol no basta ni su descripción ni su pintura, y nadie, si no es loco, intenta ni pintarlo ni describirlo. Para saber cómo es, hay que salir a mirarlo y aun mirándolo no se le puede ver sin deslumbrarse.

Aquí están sus palabras y su pensamiento, su alma y su corazón. ¡Yo me limito a invitar que salgamos a verlo!

XI

SOBRE MI ELECCIÓN*

En la vida de los pueblos, como en la vida de los hombres, no todo lo hace el destino.

Es necesario que los pueblos, como los hombres, ayuden a su destino.

En mi vida, lo mismo que en la vida de mi pueblo, esto se cumple al pie de la letra.

Yo estoy al frente de mi pueblo no sólo por decreto del destino. Estoy porque, sin saberlo tal vez, me preparé para esto como si hubiese sabido que algún día iban a tocarme esta responsabilidad y este privilegio.

Y puedo afirmar y demostrar también que mi pueblo se preparó paciente, aunque inconscientemente, también para esta hora de su destino.

Lo que hace la Providencia es poner las circunstancias necesarias para que las cosas sucedan luego de una manera y no de otra. Pero las cosas suceden casi siempre por «culpa» nuestra.

---

* De las memorias del general Perón.

Muchas veces pienso que si hubiese nacido en cualquier otra parte de mi país tal vez no sería hoy presidente de la República.

Porque naciendo en otra parte, el medio me hubiese dado otras inclinaciones... no hubiese elegido ser militar, no hubiese aprendido allí las cosas que aprendí, nunca me hubiese visto obligado a hacer una Revolución... ¡Ésas son las cosas que están en manos de la Providencia!

Ella combina las infinitas circunstancias y no creo que pueda averiguarse por qué ni explicarse nada de su mecanismo.

¡Todo lo demás lo hacemos nosotros!

Así fue como un día me vi en una circunstancia que decidió mi destino.

El país estaba solo. Marchaba a la deriva sin conducción y sin rumbo. Todo había sido entregado al extranjero. El pueblo sin justicia, oprimido y negado. Países extraños y fuerzas internacionales lo sometían a un dominio que no era muy distinto a la opresión colonial.

Me di cuenta de que todo eso podía remediarse.

Poco a poco advertí que yo era quien podía remediarlo.

En ese momento, el problema de mi país pasó a ser un problema de mi conciencia.

Lo resolví decidiéndome por la Revolución.

Esa decisión fue «mi ayuda al destino».

* * *

Dos años y medio después todo parecía perdido.

Había luchado intensamente en la Secretaría de Trabajo y Previsión.

El pueblo me había comprendido. Los trabajadores de mi país conocían ya lo que era la justicia social y me seguían casi como si yo fuese una bandera.

Lo único que yo había hecho era decirles la verdad y darles lo que todos hasta entonces les habían negado.

Pero las fuerzas conjuradas de la oligarquía y de los poderes internacionales pudieron en un momento más que el pueblo y que mi voluntad.

Fue en octubre de 1945.

Ésa es historia conocida.

Durante ocho días conocí todos los matices de la soledad, el abandono y la amargura.

Así como yo había pensado un día que era necesario hacer una Revolución, el pueblo sintió —¡el pueblo siente!— que había llegado un momento crucial de su historia.

Se dio cuenta de que todo estaba perdido, pero que todo podía salvarse.

Por suerte advirtió que eso dependería de su decisión.

Y se decidió.

Todo lo demás lo hizo la Providencia... pero la decisión la puso el pueblo... su decisión fue «la ayuda que el pueblo le prestó al destino».

Allí están las razones de mi elección.

Dos decisiones en dos momentos providenciales.

Pero para que haya una decisión en un momento providencial es necesario estar ya preparado para eso.

A mí me preparó la vida misma: mi hogar paterno, mi niñez en la Patagonia bravía, mi carrera militar, mi vida en la montaña, mis viajes por Europa... Todo eso me acostumbró a vencer. Vencer a la naturaleza es más difícil que conducir y dominar a los hombres, y a mí me tocó muchas veces luchar con las fuerzas naturales y vencerlas.

Todo eso me preparó para que empezara a sentir profundamente la suerte de mi pueblo.

Esto me preparó para el momento de decisión.

Para que el pueblo, a su vez, tomara en octubre de 1945 la decisión de salvarme y darme luego la conducción de sus destinos también fue necesario realizar una tarea de preparación.

Esta tarea consistió en algo así como un despertar.

Desde 1943 a 1945 el pueblo fue despertando de un viejo letargo que ya duraba más de un siglo. Pero durante ese siglo había vivido de sus viejas glorias. No pudo olvidar la hazaña de sus granaderos por medio continente. No pudo olvidar su vocación por la libertad y la justicia. Por eso me resultó fácil despertarlo. Me bastó insistir en los viejos temas de la hora inicial de su vida: la justicia, la libertad, la independencia y la soberanía.

* * *

Mi elección no es evidentemente una cosa del azar. La Providencia hizo su parte, indudablemente, y de eso siempre doy gracias a Dios.

Pero el pueblo y yo le ayudamos.

La clave del porvenir reside en cuidar precisamente que eso no deje de ocurrir entre nosotros.

XII

DEMASIADO PERONISTA

Ahora ya puede comprender quien haya leído el capítulo precedente que siendo así Perón en su grandeza, que unida a su sencillez lo hacen genial, sea yo como soy: fervorosa y fanáticamente peronista.

A veces me suele decir cariñosamente el mismo Líder que soy «demasiado peronista».

Recuerdo que una tarde después de haberle estado hablando durante largo rato de... ¿de qué iba a hablarle sino de él, de sus sueños, de sus realizaciones, de su doctrina, de sus conquistas?, me interrumpió para decirme:

—¡Tanto me hablas de Perón que voy a terminar por odiarle!

No se extrañe, pues, quien buscando en estas páginas mi retrato encuentre más bien la figura de Perón.

Es que —lo reconozco— yo he dejado de existir en mí misma y es él quien vive en mi alma, dueño de todas mis palabras y de mis sentimientos, señor absoluto de mi corazón y de mi vida.

Por otra parte, esto es un viejo milagro, un antiguo milagro del amor que a fuerza de repetirse en el mundo ya ni siquiera nos parece milagro.

Un día me dijeron que era demasiado peronista para que pudiese encabezar un movimiento de las mujeres de mi patria. Pensé muchas veces en eso y aunque de inmediato «sentí» que no era verdad, traté durante algún tiempo de llegar a saber por qué no era ni lógico ni razonable.

Ahora creo que puedo dar mis conclusiones.

Sí, soy peronista, fanáticamente peronista.

Demasiado no, demasiado sería si el peronismo no fuese como es, la causa de un hombre que por identificarse con la causa de todo un pueblo tiene un valor infinito. Y ante una cosa infinita no puede levantarse la palabra demasiado.

Perón dice que soy demasiado peronista porque él no puede medir su propia grandeza con la vara de su humildad.

Los otros, los que piensan sin decírmelo, que soy demasiado peronista, ésos pertenecen a la categoría de los «hombres comunes». ¡Y no merecen respuesta!

¿Que por ser peronista no puedo encabezar el movimiento femenino de mi patria? Esto sí merece una explicación.

—¿Cómo va usted —me decían— a dirigir un movimiento feminista si usted está fanáticamente enamorada de la causa de un hombre? ¿No reconoce así la superioridad total del hombre sobre la mujer? ¿No es esto contradictorio?

No, no lo es. Yo lo «sentía». Ahora lo sé.

La verdad, lo lógico, lo razonable es que el feminismo no se aparte de la naturaleza misma de la mujer.

Y lo natural en la mujer es darse, entregarse por

amor, que en esa entrega está su gloria, su salvación, su eternidad.

¿El mejor movimiento feminista del mundo no será tal vez entonces el que se entrega por amor a la causa y a la doctrina de un hombre que ha demostrado serlo en toda la extensión de la palabra?

De la misma manera que una mujer alcanza su eternidad y su gloria y se salva de la soledad y de la muerte dándose por amor a un hombre, yo pienso que tal vez ningún movimiento feminista alcanzará en el mundo gloria y eternidad si no se entrega a la causa de un hombre.

¡Lo importante es que la causa y el hombre sean dignos de recibir esa entrega total!

Yo creo que Perón y su causa son suficientemente grandes y dignos como para recibir el ofrecimiento total del movimiento feminista de mi patria. Y aún más, todas las mujeres del mundo pueden brindarse a su justicialismo; que con ello, entregándose por amor a una causa que ya es de la humanidad, crecerán como mujeres.

Y si bien es cierto que la causa misma se glorificará recibiéndolas, no es menos cierto que ellas se glorificarán en la entrega.

Por eso soy y seré peronista hasta mi último día, porque la causa de Perón me glorifica y, dándome la fecundidad de su vida, me prolongará en la eternidad de las obras que por él realizo y que seguirán viviendo como hijas mías, después que yo me vaya.

Pero no solamente soy peronista por la causa de Perón. Soy peronista por su persona misma y no sabría decir por cuál de las dos razones más.

Ya he dicho cómo y en qué medida soy peronista por su causa. ¿Puedo decir cómo y en qué medida soy peronista por él, por su persona?

Aquí tal vez sea conveniente que den vuelta la página quienes piensan que entre Perón y yo pudo darse un «matrimonio político».

Quienes lo crean así no verán en esta página sino literatura o propaganda.

Nos casamos porque nos quisimos y nos quisimos porque queríamos la misma cosa. De distinta manera los dos habíamos deseado hacer lo mismo: él sabiendo bien lo que quería hacer; yo, por sólo presentirlo; él, con la inteligencia; yo, con el corazón; él preparado para la lucha; yo, dispuesta a todo sin saber nada; él culto y yo sencilla; él, enorme, y yo, pequeña; él, maestro, y yo, alumna. Él, la figura, y yo, la sombra.

¡Él, seguro de sí mismo, y yo, únicamente segura de él!

Por eso nos casamos, aun antes de la batalla decisiva por la libertad de nuestro pueblo con la absoluta certeza de que ni el triunfo ni la derrota, ni la gloria ni el fracaso, podrían destruir la unidad de nuestros corazones.

¡Sí, yo estaba segura de él!

Sabía que el poder no lo deslumbraría ni lo haría distinto.

Que seguiría siendo lo que era: sobrio, llano, madrugador, insaciable en su sed de justicia, sencillo y humilde; que nunca sería sino tal como le conocí: dando generosamente y francamente su mano grande y tibia a los hombres de mi pueblo.

Sabía que los salones estarían de más para él porque en ellos se miente demasiado como para que eso pudiese ser soportado por un hombre de sus quilates.

Yo tampoco ignoraba cuál tendría que ser mi conducta para que resultase armónica con la suya.

Sabía que para armonizar con él necesitaba subir a cumbres muy altas pero conocía cómo era maravillosa su humildad descendiendo hasta mí.

Me atrevo a decir que me propuse formalmente que

él viese cada día en mí un defecto menos hasta que no me quedase ninguno.

¿Cómo podía desear y hacer otra cosa conociendo como conocía sus proyectos y sus planes?

Porque él no me conquistó con palabras bonitas y elegantes, ni con promesas formales y risueñas. No me prometió ni gloria ni grandeza, ni honores. Nada maravilloso.

Más: ¡creo que nunca me prometió nada! Hablando del porvenir me habló siempre únicamente de su pueblo y yo terminé por convencerme de que su promesa de amor estaba allí, en su pueblo, en mi pueblo. ¡En nuestro pueblo!

Es muy simple todo esto.

Es el camino que hacemos todas las mujeres cuando amamos al hombre de una causa.

Primero la causa es «su causa». Después empezamos a decirle «mi causa». Y cuando el amor alcanza su perfección definitiva, el sentimiento de admiración que nos hacía decir «su causa» y el sentimiento egoísta que nos hacía decir «mi causa» son sustituidos por el sentimiento de la unidad total y decimos «nuestra causa».

Cuando llega este momento no se puede decir ya si el amor por la causa es mayor o menor que el amor por el hombre de esa causa. Yo pienso que los dos son una sola cosa.

Por eso digo ahora: ¡Sí, soy peronista, fanáticamente peronista!, pero no sabría decir qué amo más: si a Perón o a su causa; que para mí, todo es una sola cosa, todo es un solo amor; y cuando digo en mis discursos y en mis conversaciones que la causa de Perón es la causa del pueblo, y que Perón es la patria y es el pueblo, no hago sino dar la prueba de que todo, en mi vida, está sellado por un solo amor.

XIII

EL APRENDIZAJE

¿Puedo seguir hablando de Perón?

Aunque alguien diga —¡y vaya si se ha dicho!— que eso no es elegante ni es inteligente, tengo que seguir haciendo el elogio de mi Líder.

¿Quién si no podrá hacerlo bien? Yo le conozco como mujer y como peronista; le conozco en su misión de presidente y en su vida hogareña; sé cómo trabaja y cómo descansa, cómo habla y cómo calla, cómo goza y cómo sufre. Conozco sus pequeños gestos, esos pequeños gestos que sólo pueden nacer de las grandes almas.

Yo sería desleal con mi pueblo si no hablase de él. Por otra parte, nadie puede pensar que mi elogio tenga algún interés.

Ya de él he recibido todo cuanto podría pretender; mucho más de lo que yo merecía.

Y no es por gratitud tampoco que siempre hablo de él, en todas partes, en todos mis discursos y en todas mis conversaciones sin ninguna excepción. Hablo de él simplemente por necesidad, por la misma razón que los poetas hacen versos y las rosas florecen.

* * *

Recuerdo cómo él, por ejemplo, fue enseñándome su doctrina, mostrándome sus planes, haciéndome conocer los grandes problemas de la vida nacional; y cómo me hizo distinguir lo posible de lo imposible, lo ideal de lo práctico.

Cada conversación que sostengo con él es una lección maravillosa que nunca parece lección.

Esto no solamente lo digo yo, su más constante discípula. Lo dicen también todos los que se acercan a él por cualquier motivo.

Sabe hablar sencillamente de las cosas más simples y de las más complicadas. Para él nada hay que no se pueda explicar de alguna manera, incluso a los que saben menos, y él lo consigue siempre. Nadie se aburre ni se fatiga con él, nadie se siente incómodo. Mucha gente que entra a su despacho con cierto lógico temor, en cuanto él dice las primeras palabras, el primer saludo, ya no ven en él al presidente, líder de millones de hombres y mujeres; y aparece ante ellos un amigo, amable y cordial.

Así, amable y cordial es siempre en todos los actos de su vida. Así, amable y cordial, haciéndome casi creer que yo le estaba enseñando a él, me hizo conocer todo cuanto era necesario saber para cumplir la misión que yo tenía que cumplir.

* * *

De él he aprendido por ejemplo a dejar de lado todo lo que es negativo, y a buscar siempre las cosas por hacer, los caminos que nadie recorre.

Muy frecuentemente me ha sucedido esto: concibo una idea, siento que es fecunda y útil y que, realizada, dará beneficio a la causa del pueblo. Cuando la expongo, primero a algunas personas, por lo general amigos, casi todos aprueban aunque no todos crean tal vez que eso es lo mejor, pero no faltan nunca quienes lealmente intentan persuadirme de que no me conviene y así me entero de que todos o la gran mayoría piensa que tal vez no convenga. A veces tienen razón, pero cuando yo estoy absolutamente convencida, cuando «siento» claramente que la idea tiene que salir bien, me lanzo a realizarla a pesar de todos los augurios; ¡y son las mejores realidades de mi vida!

Así nació la Fundación. Así surgió el movimiento Peronista Femenino.

Aprendí de Perón a ver los caminos que nadie recorre, que nadie se anima a recorrer.

* * *

De él también aprendí a realizar. Él siempre es constructivo. En su conversación lo mismo que en su conducta.

Siempre suele decirme:

—No hay que olvidar que lo mejor es enemigo de lo bueno. —Y él, que siempre habla tan fervorosamente de su doctrina, nunca se olvida de añadir—: De nada vale una gran doctrina si no tiene sus realizadores.

Confieso que padezco casi de fiebre permanente de realizar, y que es una fiebre de contagio.

Él me ha enseñado que para realizar no es necesario, como cree la mayor parte de la gente, hacer grandes planes. Si los planes existen, mejor; pero si no, lo importante es comenzar las obras y luego hacer los planes.

Para que no piensen mal sin embargo quienes crean que esto es un pecado contra el arte de gobernar, me apresuro a decirles que Perón es el primer argentino que ha gobernado al país según un plan premeditado.

* * *

De Perón aprendí a tratar con los hombres.

Pero en esto reconozco que en mí subsisten algunos defectos. ¡Aunque tampoco estoy convencida de que lo sean!

Él nunca espera demasiado de los hombres y se satisface con muy poca cosa. Confía siempre en ellos, sin excepción, mientras no tenga pruebas de la falsía de sus procederes. Por eso, el defecto que más desprecia y que más le duele de sus amigos o de sus colaboradores es la mentira.

Yo, en cambio, exijo mucho más de quienes son mis amigos o mis colaboradores inmediatos.

Ante todo confieso que no puedo tener a mi lado, trabajando conmigo, sino aquellos en quienes creo y confío plenamente. Y en esto pocas veces me he equivocado.

Recuerdo que alguien en una oportunidad me preguntó:

—¿Por qué confió usted en mí la primera vez que habló conmigo?

Yo no supe darle una respuesta lógica. Si le hubiera dicho la verdad debí responderle:

—Porque «sentía» que en usted era posible confiar. Muchas veces ocurre lo contrario, desgraciadamente, y desconfiar se hace a veces demasiado frecuente, máxime cuando una parte de mi gran deber consiste en cuidar las espaldas de un hombre y de su causa.

En esto de conocer a los hombres hay mucho de intuición. Y como el tema lo merece y además me gusta, quiero brindarle un capítulo aparte.

XIV

¿INTUICIÓN?

Esto de la intuición me tienta porque muchas veces
he oído decir alabanzas de la mía; y aunque pocas veces me detengo a pensar en un elogio, tan frecuentemente se ha hecho el de mi intuición, que alguna vez he
meditado en el tema.

Aquí están mis reflexiones, que no intentan siquiera
exponer un problema psicológico —que no doy para
tanto— sino más bien decir lo que pienso con toda franqueza.

Yo creo que no es un sexto sentido, como dicen algunos, ni una facultad casi misteriosa de las mujeres, como dicen otros.

No; es simplemente una manera de ser de la inteligencia. Cada uno de los hombres tiene una manera de
ser de su inteligencia, que es distinta en todos. En unos
actúa rápidamente, en otros es lenta.

Cada uno ve las cosas según sea lo que quiere conocer
en ellas. Yo siempre recuerdo aquel viejo refrán que dice:
«Las cosas son del color del cristal con que se miran.»

Evita Duarte, fotografía publicada en la revista *Sintonía* el 1 de mayo de 1945.

«Nunca pensé sin embargo que me iba a tocar una participación tan directa en la lucha de mi pueblo por la Justicia Social.»

Evita Duarte. Foto de Wilenky, 1939.

«Mi vocación artística me hizo conocer otros paisajes; dejé de ver las injusticias vulgares de todos los días y empecé a vislumbrar primero y a conocer después las grandes injusticias...»

Evita Duarte junto a su madre Doña Juana Ibarguren, su hermana Erminda y uno de sus sobrinos. 1943.

Evita Duarte. 1940, foto estudio.

«Recuerdo que siendo una chiquilla
siempre deseaba declamar.»

María Eva Duarte y el general Perón en el Congreso de la Nación el 4 de junio de 1946, después de la jura de Perón como presidente de la nación.

«Perón es la patria, es la causa de todos los argentinos.»

El general Perón jura la Presidencia por segunda vez. Evita, a su lado, recibe el homenaje de los legisladores en el Congreso de la Nación. 4 de julio de 1952. Su última salida. Fallecería el 26 de julio.

«Abrazada a la patria todo lo daré, porque todavía hay pobres en ella, porque hay tristes, porque hay desesperanzados, porque hay enfermos.»

Eva Duarte como figura central de la película *La Pródiga,* 1945, dirigida por Mario Soficci.

«... y no solamente las vi (las injusticias) en la ficción que representaba, sino también en la realidad de mi nueva vida.»

Evita el 29 de octubre de 1950, durante la clausura del V Congreso Eucarístico Nacional, en la ciudad de Rosario.

Evita y el general Perón el día de su
matrimonio por Civil, 22 de octubre de 1945.

Eva junto a Perón y sus famosos caniches en la residencia presidencial el día
que Evita cumplió 33 años. Sería su último cumpleaños. 7 de mayo de 1952.

Eva Perón habla por Radio
Nacional desde la residencia
presidencial. 24 de
diciembre de 1946.

Eva y Perón en las afueras
de San Nicolás, descansando
en la quinta de Román
Subiza. 1945.

Cuando la gente suele atribuir «intuición» a las mujeres como virtud misteriosa, no se acuerda que nosotras tenemos que ver las cosas, las personas y la vida de una manera especial.

Nosotras sentimos y sufrimos más el amor que los hombres. En nosotras la inteligencia se desarrolla a la sombra del corazón y por eso la inteligencia no ve sino a través de los cristales del amor.

Y el amor, cuyo misterio sí que es infinito, le hace ver a la inteligencia cosas que ella sola nunca podría conocer por hábil que fuese.

Los hombres no sienten ni sufren tanto el amor como nosotras las mujeres. Esto no necesita demostración.

En ellos entonces la inteligencia crece libremente.

Y por eso ven todo a través de un razonamiento frío, casi matemático, tanto más frío y tanto más matemático cuanto menos hayan sentido o sufrido el amor.

* * *

Cuando algunos elogian mi «intuición» se refieren siempre al rápido conocimiento que tengo de las personas con que trato.

A veces he confiado en quienes muchos desconfiaban y otras he desconfiado de quienes todos creían.

Casi siempre el tiempo me ha dado la razón.

¿Esto es una virtud misteriosa? Yo creo que no. Por el contrario, todo me parece muy simple. Yo he mirado siempre a las personas de una manera distinta que no es la que sirve a la inteligencia de los demás: yo miro a través de un cristal muy fino: el amor de Perón y de su causa.

El amor alarga la mirada de la inteligencia.

Si no fuese así, ¿podría yo «intuir» tantas cosas que a veces no entiendo del todo?

Recuerdo que una noche me acosté muy tarde y no pude dormir.

Me preocupaba un problema nacional cuya solución había sido propuesta ya al presidente por los técnicos del Gobierno.

No había conversado de esto con nadie y no sabía otra cosa que lo que los diarios publicaban.

Era un serio y difícil problema que nunca había intentado ni siquiera entender. ¡Pero la solución no me gustaba!

Lo peor era que no sabía exactamente por qué.

Evidentemente, yo podría decir al día siguiente que no me gustaba la solución, pero debería dar mis razones. ¡Y no las podía encontrar!

Ni las encontré; pero me decidí a confiarle al presidente mis sentimientos; y acerté, porque él, que también había estado pensando, preocupado por el problema, estaba ya dispuesto a revisar la solución propuesta por sus colaboradores.

¿Extraño? ¿Misterioso? No, es la maravilla del amor iluminando una inteligencia igual que la de todos.

* * *

Nada tiene de raro, pues, que esa virtud o sentido extraordinario esté presente en los actos de Perón y sea admirada por quienes lo conocen y lo tratan.

Él, que ama entrañablemente a su pueblo, ve todas las cosas a través de ese gran amor y por lo tanto, según está también demostrado, tiene que verlo todo de una manera especial, distinta de la que orienta la mirada de los demás.

Él ve por su pueblo y para su pueblo.

¿Qué tiene de raro, pues, que iluminado por ese gran amor «intuya» dónde está la felicidad de los argentinos y la grandeza nacional?

Y yo sí que puedo dar fe de que esa virtud existe en él en una forma maravillosa. Conoce a los hombres de una sola mirada y aunque intenten muchas veces disfrazarse ante él. Muchas veces lo he visto también resolver graves problemas de una manera distinta a la que aconsejaban los técnicos y los especialistas, y más de una vez, ante mi pregunta extrañada, le he oído decir:

—Es cuestión de sentido común. Ellos ven el problema desde el punto de vista técnico, que es limitado, como el campo de un microscopio. Yo tengo que verlo con lentes planares; yo tengo que verlo como lo ve y como lo siente el pueblo.

Después de meditar esta explicación, he pensado también que el «sentido común» y la «intuición» son dos virtudes todavía no bien definidas y tal vez sean la misma cosa, pero creo que están en todos los hombres y en todas las mujeres presentes en mayor o en menor cantidad y que solamente crecen y se hacen extraordinarias cuando un gran amor las vivifica con la maravillosa fuerza de su infinito poder.

Lo que también puedo asegurar es que ningún «hombre común» puede hacer o pensar nada con intuición; porque los hombres mediocres pertenecen a la clase de los que desprecian el amor como cosa exagerada.

XV

EL CAMINO QUE YO ELEGÍ

Llegado Perón a la Presidencia, poco a poco fue convenciéndose de que las responsabilidades y tareas a su cargo eran casi incompatibles con su deseo de mantener estrecho contacto con el pueblo.

Ese contacto, que era y sigue siendo absolutamente necesario, debe ser realizado en forma permanente.

Nuestro pueblo ha vivido más de un siglo de gobiernos oligarcas cuya principal tarea no fue atender al pueblo sino más bien a los intereses de una minoría privilegiada, tal vez refinada y culta, pero sórdidamente egoísta.

Después de ese siglo, solamente interrumpido por alguno que otro intento de gobierno para el pueblo, o, mejor dicho, por alguno que otro «gesto» nunca convertido en realidad, Perón durante tres años de incendio revolucionario llegó al pueblo como gobernante y como conductor. Y el pueblo sabía ya lo que ese contacto había dado de bien para todos.

Durante tres años consecutivos, hombres y mujeres,

agrupaciones gremiales, económicas y políticas, el pueblo entero, había desfilado con sus viejos problemas y sus viejas esperanzas, ante la presencia realizadora del conductor y todos sus problemas y todas sus esperanzas habían sido cumplidamente satisfechas por él en la medida de sus posibilidades, y un poco más todavía.

¿Con Perón en la Presidencia, con la plenitud de un poder que en la República Argentina es extraordinario, cómo no iban a redoblarse las esperanzas y las ilusiones de la gente que ya había conocido el gusto de lo que es un gobierno del pueblo y para el pueblo?

Pero precisamente la plenitud del poder era lo que impediría al Líder su permanencia en contacto con el pueblo. Mientras estaba en la Secretaría de Trabajo y Previsión no tenía otros problemas que resolver sino los viejos y urgentes problemas que afectaban directamente al pueblo. Pero en la Presidencia los viejos y urgentes problemas eran otros cuya solución era indispensable para que no se derrumbase todo lo que había construido en tres años de reforma social. ¿De qué hubiesen valido tres años de Revolución si al término de la guerra hubiésemos caído de nuevo en los brazos de nuestros tradicionales explotadores imperialistas?

¿Nos hubiese valido acaso de algo la reforma social en un país sin riqueza y sin trabajo, entregado con las manos atadas a la voluntad extraña del capitalismo internacional?

Todo eso vio Perón con más claridad que nunca desde el día que fue presidente; y para que eso no sucediese era necesario que él, personalmente él, se pusiese en forma total a hacer lo que hizo, y que era nada menos que la Independencia Económica de la Nación.

En cuatro meses elaboró su plan de gobierno para cinco años.

En dos años realizó la independencia económica. Pero no quiero yo decir cuánto hizo el general como presidente, aunque gustosa escribiría infinita cantidad de páginas sobre este tema inagotable.

Lo cierto es que todo ese inmenso trabajo que debía empezar con la organización del mismo gobierno y cuya primera etapa culminó con la reforma constitucional, no podía dejarle sino muy escaso tiempo para mantener contacto con el pueblo.

Y si no hubiésemos buscado juntos una solución, y la hubiésemos hallado, la voz del pueblo —la de nuestros «descamisados»— hubiese llegado a la torre de gobierno cada vez más apagada y tal vez hubiese terminado por callar.

Por otra parte, era necesario mantener encendido en el pueblo su fervor revolucionario. La revolución apenas había sido puesta en marcha y debía Perón cumplir todas las etapas desde el gobierno mismo. Esto podía hacerse pero a condición de que el pueblo mantuviese su fervor revolucionario y no fuese ganado por la prédica de los «hombres comunes» para quienes todo acto revolucionario aparece como una imprudencia imperdonable.

Entre el decreto o la ley revolucionaria y su cumplimiento, o sea entre el gobierno y el pueblo, existen siempre infinitas barreras que no se ven siempre desde el gobierno, pero sí, y claramente, desde el pueblo. El contacto de Perón con el pueblo era necesario también por esta razón fundamental.

Además había urgentes pero modestos trabajos que cumplir en relación con las necesidades diarias de la gente humilde. Entre las esperanzas de los descamisados había muchas pequeñas ilusiones que depositaban en Perón como los hijos piden a sus padres.

En todas las familias los pedidos y las exigencias varían mucho: los mayores quieren cosas de importancia, los menores piden juguetes. En la familia grande que es la patria también los pedidos que se presentan al presidente, que es el padre común, son infinitos.

Comprobamos esto ya cuando Perón era presidente electo: las esperanzas del pueblo se concretaban en peticiones lo más variadas, desde una obra de gobierno extraordinaria y aun fantástica que solicitaba toda una ciudad hasta la pelota de foot-ball que quería un «changuito» del norte o la muñeca que deseaba una «collita».

También atender todo esto —lo grande y lo pequeño— era necesario para que el pueblo no dejase de ver en Perón a su conductor.

Yo elegí la humilde tarea de atender los pequeños pedidos.

Yo elegí mi puesto en el pueblo para ver desde allí las barreras que podrían haber impedido la marcha de la Revolución.

Yo elegí ser «Evita»... para que por mi intermedio el pueblo y sobre todo los trabajadores, encontrasen siempre libre el camino de su Líder.

La solución no pudo ser mejor ni más práctica.

Los problemas de gobierno llegan a Perón todos los días a través de sus ministros, de los funcionarios o de los mismos interesados; pero cada uno de ellos no puede disponer sino de escasos minutos de la jornada agotadora de un presidente como Perón.

En cambio, los problemas del pueblo llegan al conductor todos los días, durante el almuerzo o la cena, en las tardes apacibles de los sábados, en los domingos largos y tranquilos y llegan por mi voz leal y franca en circunstancias propicias, cuando el ánimo del general está libre de toda inquietud apremiante...

Así el pueblo puede estar seguro de que entre él y su gobierno no habrá divorcio posible. Porque, en este caso argentino, para divorciarse de su pueblo, el jefe del Gobierno deberá empezar por divorciarse ¡de su propia mujer!

XVI

EVA PERÓN Y EVITA

Nada hay en mi destino de extraordinario y menos de juego de azar.

No puedo decir que creo lógico y razonable todo cuanto me ha sucedido, pero no sería leal ni sincera si no dijese que todo me parece por lo menos natural.

He dicho ya cuáles son las grandes causas de la misión que me toca cumplir en mi patria, pero no sería completa mi explicación si no dijese también algo acerca de los motivos circunstanciales que me decidieron a iniciarme en la colaboración estrecha con el general Perón después que fue presidente de los argentinos.

Antes de entrar en el tema es conveniente recordar que Perón no es sólo presidente de la República; es, además, conductor de su pueblo.

Ésta es una circunstancia fundamental y se relaciona directamente con mi decisión de ser una esposa del presidente de la República distinta del modelo antiguo.

Yo «pude» ser ese modelo. Esto lo digo bien claro porque también se ha querido justificar mi «incomprensible sacrificio» arguyendo que los salones de la oligarquía me hubiesen rechazado.

Nada más alejado que esto de toda realidad, ni más ausente de todo sentido común.

Pude ser una mujer de presidente como lo fueron otras.

Es un papel sencillo y agradable: trabajo de los días de fiesta, trabajo de recibir honores, de «engalanarse» para representar según un protocolo que es casi lo mismo que pude hacer antes, y creo que más o menos bien, en el teatro o en el cine.

En cuanto a la hostilidad oligárquica, no puedo menos que sonreírme.

Y me pregunto: ¿por qué hubiese podido rechazarme la oligarquía?

¿Por mi origen humilde? ¿Por mi actividad artística?

¿Pero acaso alguna vez esa clase de gente tuvo en cuenta aquí, o en cualquier parte del mundo, estas cosas, tratándose de la mujer de un presidente?

Nunca la oligarquía fue hostil con nadie que pudiera serle útil. El poder y el dinero no tuvieron nunca malos antecedentes para un oligarca genuino.

La verdad es otra: yo, que había aprendido de Perón a elegir caminos poco frecuentados, no quise seguir el antiguo modelo de esposa de presidente.

Además, quien me conozca un poco, no digo de ahora, sino desde antes, desde que yo era una simple «chica» argentina, sabe que no hubiese podido jamás representar la fría comedia de los salones oligarcas.

No nací para eso. Por el contrario, siempre hubo en mi alma un franco repudio para con «esa clase de teatro».

Pero además, yo no era solamente la esposa del presidente de la República, era también la mujer del conductor de los argentinos.

A la doble personalidad de Perón debía corresponder una doble personalidad en mí: una, la de Eva Perón, mujer del presidente, cuyo trabajo es sencillo y agradable, trabajo de los días de fiesta, de recibir honores, de funciones de gala; y otra, la de Evita, mujer del Líder de un pueblo que ha depositado en él toda su fe, toda su esperanza y todo su amor.

Unos pocos días al año, represento el papel de Eva Perón; y en ese papel creo que me desempeño cada vez mejor, pues no me parece difícil ni desagradable.

La inmensa mayoría de los días soy en cambio Evita, puente tendido entre las esperanzas del pueblo y las manos realizadoras de Perón, primera peronista argentina, y éste sí que me resulta papel difícil, y en el que nunca estoy totalmente contenta de mí.

De Eva Perón no interesa que hablemos.

Lo que ella hace aparece demasiado profusamente en los diarios y revistas de todas partes.

En cambio, sí interesa que hablemos de «Evita»; y no porque sienta ninguna vanidad en serlo sino porque quien comprenda a «Evita» tal vez encuentre luego fácilmente comprensible a sus «descamisados», el pueblo mismo, y ése nunca se sentirá más de lo que es... ¡nunca se convertirá por lo tanto en oligarca, que es lo peor que puede sucederle a un peronista!

XVII

«EVITA»

Cuando elegí ser «Evita» sé que elegí el camino de mi pueblo.

Ahora, a cuatro años de aquella elección, me resulta fácil demostrar que efectivamente fue así.

Nadie sino el pueblo me llama «Evita». Solamente aprendieron a llamarme así los «descamisados». Los hombres de gobierno, los dirigentes políticos, los embajadores, los hombres de empresa, profesionales, intelectuales, etc., que me visitan suelen llamarme «Señora»; y algunos incluso me dicen públicamente «Excelentísima o Dignísima Señora» y aun, a veces, «Señora Presidenta».

Ellos no ven en mí más que a Eva Perón.

Los descamisados, en cambio, no me conocen sino como «Evita».

Yo me les presenté así, por otra parte, el día que salí al encuentro de los humildes de mi tierra diciéndoles «que prefería ser "Evita" a ser la esposa del presidente si ese "Evita" servía para mitigar algún dolor o enjugar una lágrima».

Y, cosa rara, si los hombres de gobierno, los dirigentes, los políticos, los embajadores, los que me llaman «Señora» me llamasen «Evita» me resultaría tal vez tan raro y fuera de lugar como que un «pibe», un obrero o una persona humilde del pueblo me llamase «Señora».

Pero creo que aún más raro e ineficaz habría de parecerles a ellos mismos.

Ahora si me preguntasen qué prefiero, mi respuesta no tardaría en salir de mí: me gusta más mi nombre de pueblo.

Cuando un pibe me nombra «Evita» me siento madre de todos los pibes y de todos los débiles y humildes de mi tierra.

Cuando un obrero me llama «Evita» me siento con gusto «compañera» de todos los hombres que trabajan en mi país y aun en el mundo entero.

Cuando una mujer de mi patria me dice «Evita» yo me imagino ser hermana de ella y de todas las mujeres de la humanidad.

Y así, sin casi darme cuenta, he clasificado, con tres ejemplos, las actividades principales de «Evita» en relación con los humildes, con los trabajadores y con la mujer.

La verdad es que, sin ningún esfuerzo artificial, sin que me cueste íntimamente nada, tal como si hubiese nacido para todo esto, me siento responsable de los humildes como si fuese la madre de todos; lucho codo a codo con los obreros como si fuese de ellos una compañera más de taller o de fábrica; frente a las mujeres que confían en mí me considero algo así como una hermana mayor, en cierta medida responsable del destino de todas ellas que han depositado en mí sus esperanzas.

Y conste que no asumo así un honor sino una responsabilidad.

Creo que cada uno de los hombres y mujeres que componen la humanidad debiera por lo menos sentirse un poco responsable de todos los demás; ¡tal vez seríamos todos un poco más felices!

De los obreros atiendo sus problemas gremiales.

De los humildes recibo sus quejas y sus necesidades remediándolas en cuanto no corresponden al Estado, aunque a veces en este caso hago también de colaboradora oficiosa del Gobierno. Al fin de cuentas siempre se trata de agua que va para el molino del Líder común.

De la mujer atiendo el problema en sus múltiples aspectos sociales, culturales y políticos.

Si alguien me preguntase cuál es mi actividad preferida no sabría responder exactamente y en forma decidida y definitiva.

Si me hiciesen la pregunta estando en mi actividad gremial mi voto sería por ella. Si estuviese atendiendo a mis «descamisados» o a las mujeres tal vez votaría por la actividad que estuviese desempeñando en ese preciso momento. Y no lo haría ni por «diplomacia» ni por «política», ¡no!, sino porque cuando trabajo, lo que estoy haciendo me parece lo mejor, lo más adecuado a mis gustos, a mi vocación y a mis inclinaciones.

Reconozco, eso sí, que en el fondo, lo que me gusta es estar con el pueblo, mezclada en sus formas más puras: los obreros, los humildes, la mujer...

Con ellos no necesito adoptar ninguna pose de las que me veo obligada a tomar a veces, cuando hago de «Eva Perón». Hablo y siento como ellos, con sencillez y con franqueza llana y a veces dura, pero siempre leal.

Nunca dejamos de entendernos. En cambio, a veces, «Eva Perón» no suele entenderse con la gente que asiste a las funciones que debe representar.

No vaya a creerse por esto que digo que la tarea de

Evita me resulte fácil. Más bien me resulta en cambio siempre difícil y nunca me he sentido del todo contenta con esa actuación. En cambio, el papel de Eva Perón me parece fácil. Y no es extraño. ¿Acaso no resulta siempre más fácil representar un papel en el teatro que vivirlo en la realidad?

Y en mi caso lo cierto es que como Eva Perón represento un viejo papel que otras mujeres en todos los tiempos han vivido ya; pero como Evita vivo una realidad que tal vez ninguna mujer haya vivido en la historia de la humanidad.

* * *

He dicho que no me guía ninguna ambición personal. Y quizás no sea del todo cierto.

Sí. Confieso que tengo una ambición, una sola y gran ambición personal: quisiera que el nombre de Evita figurase alguna vez en la historia de mi patria.

Quisiera que de ella se diga, aunque no fuese más que en una pequeña nota al pie del capítulo maravilloso, que la historia ciertamente dedicará a Perón algo que fuese más o menos esto:

«Hubo, al lado de Perón, una mujer que se dedicó a llevarle al presidente las esperanzas del pueblo, que luego Perón convertía en realidades.»

Y me sentiría debidamente, sobradamente compensada si la nota terminase de esta manera:

«De aquella mujer sólo sabemos que el pueblo la llamaba, cariñosamente, *Evita*.»

XVIII

PEQUEÑOS DETALLES...

Todo lo que yo debo hacer entre el pueblo y su Líder exige una condición que he debido cumplir con un cuidado casi infinito; y esa condición es no meterme en las cosas del Gobierno.

No lo toleraría tampoco el presidente, que por su formación militar tiene sus conceptos de las responsabilidades y jurisdicciones.

Pero, muchas veces, sin embargo, tengo que decir al pueblo cara a cara lo que le diría su Líder, y, como consecuencia de eso, tengo también que hablar al Líder de lo que el pueblo quiere hacer llegar a sus oídos.

Y esta función me lleva a veces a tocar, con el general, temas que son propios del Gobierno. En estos casos nunca me olvido de que he elegido estar en la vereda del pueblo.

Sin duda los hombres de Gobierno deben bastar a Perón para cumplir su tarea, pero no es inútil, pienso yo, que la voz de una persona identificada con él y con su causa le llegue diariamente con las noticias frescas de un pueblo que él quiere con entrañable amor.

Tal vez cumpliendo así mi humilde misión yo lo único que haga de bueno sea alegrarle el alma con las palabras y los amores de su pueblo que yo deposito en su corazón mientras él descansa de sus fatigas.

* * *

En cuanto a la falta de precedentes, no me preocupa. Por el contrario, me alegra y me reconforta. Y mientras los «hombres comunes», los de mediocridad siempre despreciable, venenosa y estéril, sólo buscan las cosas nuevas para el ataque, nuestro movimiento les ofrece diariamente algo sin precedentes, algo original que nos pertenece con exclusividad.

Yo sé que cuando ellos me critican a mí en el movimiento lo que en el fondo les duele es la Revolución.

Les duele mi contacto con el pueblo. Saben que mientras ese contacto no se rompa —¡y no se romperá por mí!— el pueblo podrá llegar a Perón, y Perón cumplirá con su pueblo.

Mientras eso pueda ocurrir, ellos no volverán.

Por eso tratan de destruirme.

Saben también que no trabajo para mí, no me verán jamás buscando una ventaja personal y eso los excita.

Desearían verme caer en el egoísmo y en la ambición, para demostrar así al pueblo que en el pueblo me busqué a mí misma.

Saben que así podrían separarme del pueblo. No entienden que yo en mis afanes no busco otra cosa que el triunfo de Perón y de su causa por ser el triunfo del pueblo mismo.

Ni siquiera cuando me acerco a los que trabajan o a los que sufren lo hago buscando una satisfacción egoísta de quien hace algún sacrificio personal.

Yo me esfuerzo todos los días por eliminar de mi alma toda actitud sentimental frente a los que me piden.

No quiero tener vergüenza de mí ante ellos. Voy a mi trabajo cumpliendo mi deber y a dar satisfacción a la justicia.

Nada de lirismo ni de charlatanerías, ni de comedias, nada de poses ni de romances.

Ni cuando entro en contacto con los más necesitados podrá decir nadie que juego a la dama caritativa que abandona su bienestar por un momento para figurarse que cumple una obra de misericordia.

Del mismo Perón, que siempre suele decir: «El amor es lo único que construye», he aprendido lo que es una obra de amor y cómo debe cumplirse.

El amor no es —según la lección que yo aprendí— ni sentimentalería romántica, ni pretexto literario.

El amor es darse, y «darse» es dar la propia vida.

Mientras no se da la propia vida, cualquier cosa que uno dé es justicia. Cuando se empieza a dar la propia vida entonces recién se está haciendo una obra de amor.

Yo no pretendo por eso realizar obras de amor que me parecen estar demasiado cerca de Dios; y me conformo con ayudar a que se cumpla la justicia social. Por eso a mi labor fraternal de auxilio a los pobres he dado el nombre de ayuda social y creo que es profundamente justicialista.

En ella no hay por eso lugar para los excesos del corazón. Por ser obra de justicia sé que debo cumplirla en la misma actitud del juez que la administra: como quien cumple una misión que le ha sido encomendada y nada más.

Con amabilidad, eso sí, pero no con aspavientos.

Es un detalle solamente, pero estoy segura de que con eso he ahorrado muchas humillaciones inútiles.

Y a nadie se hace feliz cambiándole aun toda la riqueza del mundo por una humillación que afecte a la dignidad, que es el tesoro tal vez más precioso y cada vez más preciado por los hombres.

Segunda parte

LOS OBREROS
Y MI MISIÓN

XIX

LA SECRETARÍA

Casi toda mi labor social se desarrolla en la Secretaría de Trabajo y Previsión, de la que ocupo un pequeño sector; y atiendo mi trabajo en el mismo despacho que tuvo el coronel Perón desde 1943 hasta 1945.

Todo esto tiene un significado muy especial.

Aun cuando la Constitución Justicialista convirtió a la Secretaría en Ministerio de Trabajo y Previsión los obreros la siguen llamando como en los tiempos del coronel: la «Secretaría». Y yo nunca la llamo tampoco Ministerio.

Este simple detalle indica que el pueblo siente allí todavía la presencia de Perón.

Allí entró en contacto con el pueblo su personalidad vigorosa de conductor. Allí convenció a los primeros discípulos. Allí gozó de los primeros éxitos. ¡Allí confirmó su decisión irrevocable de servir al pueblo con todas sus energías y por sobre todo sacrificio!

Para todos nosotros él está siempre en la vieja «Secretaría» como en las horas de sus más intensas luchas.

No fue por sensiblería romántica que elegí trabajar allí.

Fui a la Secretaría de Trabajo y Previsión porque en ella podía encontrarme más fácilmente con el pueblo y con sus problemas; porque el ministro de Trabajo y Previsión es un obrero, y con él «Evita» se entiende francamente y sin rodeos burocráticos; y porque además allí se me brindaron los elementos necesarios para iniciar mi trabajo.

Allí recibo a los obreros, a los humildes, a quienes me necesitan por cualquier problema personal o colectivo.

Los funcionarios de la casa colaboran conmigo en la solución de los problemas gremiales, reuniendo todos los antecedentes, examinándolos en sí mismos y en sus repercusiones económicas y sociales.

En cuanto a mis trabajos de ayuda social, los cumplo también en la Secretaría, pero en esta actividad el personal de la casa interviene solamente en algunos detalles relacionados con los pedidos de audiencia.

Los problemas del movimiento político femenino no ocupan mi tiempo en la Secretaría, ya que prefiero atenderlos en la sede central del Partido Peronista Femenino o en nuestra residencia privada.

* * *

La atención de los obreros me lleva casi todo el tiempo de mis audiencias y de mi trabajo en la Secretaría. Esto resulta una exigencia propia del Movimiento Peronista, cuya historia y cuya realización han sido cumplidas gracias al apoyo total de los trabajadores organizados de mi país.

Suelo oírle decir al presidente que los gobiernos y los Estados van pasando de la época en que todo se decidía en función de organizaciones políticas a la época en que todo se decide en función de las organizaciones sociales.

Y el gobierno peronista, inspirado por su conductor, trata de adelantarse al tiempo y se apoya cada vez más en las organizaciones sindicales.

Yo pienso, inspirándome en ese concepto visionario de Perón, que el pueblo está casi siempre más representado hoy por sus organizaciones gremiales que por sus partidos políticos.

Los partidos políticos caen frecuentemente en poder de círculos cerrados de dirigentes que se sostienen en sus cargos gracias a negociaciones y componendas no siempre claras. Esto no ocurre en las organizaciones sindicales, cuyos dirigentes deben vivir en contacto con la masa que representan si no quieren desaparecer del escenario directivo.

En mi experiencia de cuatro años yo puedo decir, con toda franqueza, que los dirigentes gremiales conocen mejor la realidad popular que los dirigentes políticos.

Y, en honor a la verdad, debo decir también que los dirigentes políticos superan a los gremiales solamente cuando saben mantener contacto honrado con las organizaciones sindicales. Y al hablar de contacto honrado me refiero al que mantienen aquellos dirigentes políticos que trabajan lealmente por la causa de los trabajadores sin la oculta o manifiesta intención de utilizarlos como un medio de sus ambiciones personales.

* * *

En la Secretaría he aprendido todo cuanto sé de sindicalismo y de problemas de trabajo.

Allí encontré todo en marcha; un estilo y una técnica para tratar y resolver los problemas gremiales: el estilo y la técnica del coronel Perón. Yo no he hecho otra cosa que seguir sus huellas guiada por su ejemplo y muchas veces he recurrido a su consejo de maestro y conductor.

Así solamente me ha sido posible conseguir que la Secretaría siga siendo la casa de los trabajadores argentinos como la concibió y la realizó el coronel Perón en los primeros días de su lucha.

XX

UNA PRESENCIA SUPERIOR

Desde el mirador de la Secretaría se ve todo el panorama sindical argentino. Yo, que lo he visto en 1944 y en 1945 desde un rincón del mismo despacho que hoy presido, cuando el coronel Perón solía permitirme que le viese trabajar, yo solamente puedo decir tal vez cómo ha cambiado todo en este sector de mi patria.

Hasta 1943 las reivindicaciones obreras en la Argentina tenían una doctrina y una técnica que no se diferenciaban para nada de la doctrina y la técnica de los demás países del mundo.

La doctrina y la técnica eran pues internacionales, vale decir extranjeras en todas las patrias y para todos los pueblos, porque cuando una cosa es internacional pierde incluso el derecho de tener patria aun en su país de origen.

Los dirigentes de las reivindicaciones obreras argentinas habían sido formados en aquella doctrina y les había sido enseñada solamente aquella técnica.

No diré que fueron en general malos dirigentes, ni

caeré en el error de pensar siquiera que no representaron legítimamente a sus compañeros. Por el contrario, creo que cumplieron honradamente lo mejor que pudieron con la masa que en ellos depositó su confianza. ¡O su desesperación! porque, frente al egoísmo brutal de la oligarquía capitalista y despiadada ¿qué otra cosa que desesperación podía tener la masa obrera al elegir sus dirigentes? Por eso, muchas veces prefirió elegir a quienes proponían soluciones teóricamente más radicales y extremas en vez de otorgar un mandato a quienes hubiesen podido exigir y alcanzar algún beneficio práctico e inmediato, aunque fuese mínimo.

Así se explica que, elegidos por la desesperación de una masa obrera sufriente y exaltada por el odio, aquellos dirigentes gremiales, impotentes para dar satisfacción a sus representados, se viesen obligados a desviar la atención de la masa hacia problemas de política internacional en propaganda lírica de doctrinas ajenas a las necesidades apremiantes y reales del pueblo.

Pero el gran defecto de aquellos dirigentes no fue esto que al fin de cuentas casi se vieron obligados a hacer. El gran pecado fue que muchas veces pensaron, hablaron y actuaron en un idioma extranjero frente a sus compañeros, dando la espalda a la realidad casera. No se dieron cuenta —porque no creo que obrasen de mala fe, por lo menos en su mayor parte— de que el problema de los obreros argentinos no tenía sino muy poco que ver con el problema de los trabajadores de los viejos países del mundo, superpoblados, sin ninguna clase de reserva económica.

No midieron bien la realidad argentina.

Algunos, tal vez los más altos dirigentes de aquellos tiempos, no procedían sin embargo de buena fe.

Así como reconozco que la mayoría actuaba con alto espíritu sindical, debo decir también que algunos eran traidores de la masa obrera.

Y al decir esto no creo que diga nada nuevo para los trabajadores argentinos.

Todos ellos recuerdan cómo esos supuestos líderes obreros se aliaron, en oscuro maridaje, con la más rancia oligarquía, y al amparo de la prensa conservadora y del capitalismo conjurado contra los argentinos intentaron la destrucción del Líder en 1946.

Con esto demostraron que era mentira la enemistad que frente al capitalismo aparentaban los dirigentes comunistas y socialistas que se llamaron tanto tiempo a sí mismos dirigentes «del pueblo».

Así se explica también por qué durante tantos años los trabajadores argentinos no vieron avanzar a sus organizaciones sino a pequeños pasos y esto, muy de vez en cuando, y con sangrientos y dolorosos sacrificios.

* * *

Pero no es de aquellos falsos dirigentes obreros, que ahora están definitivamente aliados con la oligarquía, de los que quiero hablar. Es de los otros, de los de buena fe y verdadero espíritu sindical de quienes quiero escribir una página más.

Ya he dicho que hasta 1943 vivían una doctrina y una técnica de lucha. Ellos creían firmemente que «eso» era el mejor y aun el único camino para llegar al bienestar soñado. Solamente cuando Perón, desde la Secretaría de Trabajo y Previsión, les habló de otra técnica empezaron a darse cuenta del error en que habían perdido muchos años y tantos esfuerzos.

Al principio el coronel los desconcertó.

Cincuenta años habían estado oyendo hablar a los altos líderes en contra de la patria, y como consecuencia en contra del Ejército. ¡Y ahora un militar, un «oscuro coronel» —dijo la oligarquía— pretendía enseñarles cuál era el camino de la justicia y de la felicidad.

Para colmo, el nuevo Líder les hablaba del espíritu y de sus valores, no les predicaba la lucha entre el capital y el trabajo sino la cooperación, y aun les decía que era necesario poner en la práctica los viejos principios olvidados del cristianismo.

¡Cómo no se iban a desconcertar!

Pero, poco a poco, fueron creyendo en el «coronel». Muchos creyeron con sólo oírlo. Otros, cuando pudieron verlo.

La mayoría creyó cuando sus promesas empezaron a cumplirse.

Así, los dirigentes honrados del sindicalismo argentino se aliaron con Perón. En la vereda de enfrente quedaron los que no quisieron oír las promesas ni quisieron ver las realidades. Ellos habían ya vendido, por anticipado, su posición a la oligarquía y al capitalismo. Pero a cambio de eso ganaron el olvido de los trabajadores; el olvido, que es la manera que el pueblo tiene de despreciar a quienes lo traicionan.

* * *

La técnica de Perón se impuso en dos años de ardorosa lucha. Una vez en la Presidencia, sin embargo, podía darse el peligro de que algunos despechados «especialistas» del sindicalismo tratasen de reagrupar a los trabajadores con la vieja retórica y las viejas ideas tan bien estudiadas por ellos en la cátedra extranjera que los formó... y les pagó; y que para eso, intentasen presentar a la Secretaría como una oficina más del gobierno, fría y burocrática según el estilo del viejo Departamento Nacional del Trabajo que en 1943 había alcanzado el total y absoluto desprecio de los obreros argentinos.

También hubiese podido suceder que, ausente de la Secretaría el creador genial de la nueva doctrina y de la nueva técnica de las reivindicaciones obreras, los mismos dirigentes, aun los peronistas, volviesen a la vieja doctrina y a los viejos métodos, dominados inconscientemente o infiltrados por los otros.

La presencia de un viejo dirigente gremial al frente del Ministerio de Trabajo y Previsión fue el primer paso para evitar que sucediese aquello. Pero no era suficiente todavía, puesto que aquella presencia infundía solamente confianza: la confianza del compañero y del amigo. Para evitar el peligro era necesario algo más. Y creo que ese algo más fue y sigue siendo mi presencia, no tanto por lo que pueda valer ni hacer yo, sino porque yo estoy demasiado cerca del Líder, como para que donde yo esté no me acompañe un poco su magnífica presencia.

Cuando vemos la sombra de alguien sentimos que está cerca. Así, como la sombra del Líder, es mi presencia en la Secretaría. Y a su sombra, yo intento seguir el camino que él inició. Sé que hay una gran diferencia. Donde él daba una lección magistral, yo apenas balbuceo. Donde él solucionaba un problema con cuatro palabras, yo me quedo a veces una semana entera. Donde él decidía, yo apenas sugiero. Donde el veía, yo apenas vislumbro. Es que él es el conductor. Yo soy solamente una sombra de su presencia superior.

XXI

LOS OBREROS Y YO

Mi trabajo con los obreros es de una técnica muy simple, aunque a veces los problemas que me presentan suelen ser complicados, y de difícil solución.

Ya he dicho que, sin embargo, me siento cómoda entre ellos y que siempre terminamos por entendernos.

A veces, la gente me pregunta qué soy yo para los obreros de mi país. Yo prefiero explicar primero qué son los obreros para mí.

Para mí los hombres y las mujeres de trabajo son siempre, y ante todo, descamisados.

Y ¿qué son, para mí, los descamisados? No puedo hablar de ellos sin que vengan a mi memoria los días de mi soledad en octubre de 1945.

Definir lo que es un descamisado sin volver a aquellos días es imposible, como tal vez no pueda explicarse lo que es la luz sin pensar en el sol.

Descamisados fueron todos los que estuvieron en la plaza de Mayo el 17 de octubre 1945; los que cruzaron a nado el Riachuelo viniendo de Avellaneda, de la Boca y de la provincia de Buenos Aires, los que en columnas alegres pero dispuestos a todo, incluso a morir, desfilaron aquel día inolvidable por la avenida de Mayo y por las diagonales que conducen a la Casa de Gobierno; hicieron callar a la oligarquía y a aquel que dijo «yo no soy Perón»; los que todo el día reclamaron a gritos la presencia del Líder ausente y prisionero; los que encendieron hogueras con los diarios de la prensa que se había vendido a un embajador extranjero por treinta dineros ¡o tal vez menos!

¡Todos los que estuvieron aquella noche en la plaza de Mayo son descamisados!

Aun si hubo allí alguien que no lo fuese, materialmente hablando, un descamisado, ése se ganó el título por haber sentido y sufrido aquella noche con todos los auténticos descamisados: y para mí, ése fue y será siempre un descamisado auténtico.

Y son descamisados todos los que entonces, de estar aquí, hubiesen ido a la plaza de Mayo; y todos los que ahora o mañana harían los mismo que hicieron los primeros descamisados de aquel primer 17 de octubre.

Para mí por eso *descamisado es el que se siente pueblo*. Lo importante es eso; que se sienta pueblo y ame y sufra y goce como pueblo, aunque no vista como pueblo, que esto es lo accidental.

Un oligarca venido a menos podrá ser materialmente descamisado pero no será un descamisado auténtico.

Aquí también me declaro enemiga de las formas según lo establece la doctrina peronista.

Para mí, los obreros son por eso, en primer lugar, descamisados: ellos estuvieron todos en la plaza de Mayo aquella noche. Muchos estuvieron materialmente; todos estuvieron espiritualmente presentes.

No todos los descamisados son obreros, pero, para

mí, todo obrero es un descamisado; y yo no olvidaré jamás que a cada descamisado le debo un poco de la vida de Perón.

En segundo lugar, ellos son parte integrante del pueblo; de ese pueblo cuya causa ganó mi corazón desde hace muchos años.

Y en tercer lugar, son las fuerzas poderosas que sostienen el andamiaje sobre cuyo esqueleto se levanta el edificio mismo de la Revolución.

El Movimiento Peronista no podría definirse sin ellos.

El general Perón ha dicho que no sería posible el Justicialismo sin el sindicalismo. Y esto es verdad, primero, porque lo ha dicho el general Perón y segundo, porque efectivamente es verdad.

En la realidad de mi país el sindicalismo es actualmente la fuerza organizada más poderosa que apoya al Movimiento Peronista.

Más de cuatro millones de obreros agrupa solamente la Confederación General del Trabajo, que es la Central Obrera, y todos unidos se han definido en favor de la Doctrina Justicialista de Perón.

Por eso cada obrero es además para mí un peronista auténtico: el mejor de todos los peronistas, porque además es pueblo y además es descamisado.

Todo eso son para mí los obreros que llegan a mi despacho con sus esperanzas, con sus ilusiones y con sus problemas.

Cuando me encuentro con ellos ¿qué voy a ser entonces sino una compañera, o una amiga?, una compañera cuya gratitud infinita no puede expresarse sino de una sola manera: ¡Con absoluta y profunda lealtad!

Y ellos lo saben bien; saben que yo no soy el Estado, ni mucho menos el patrón.

Por eso suelen decir: «Evita es vasca, pero es leal.»

Saben que yo no tengo sino un precio, que es el amor de mi pueblo. Por el amor de mi pueblo —¡y ellos son pueblo!— yo vendería todo cuanto soy y cuanto tengo y creo que incluso daría mi vida.

Saben que cuando yo les aconsejo «aflojar» lo hago por el bien de ellos, lo mismo que cuando los incito a la lucha.

A medida que avanza el tiempo en nuestro movimiento común esa confianza se va consolidando pues todos los días les doy pruebas de mi lealtad. Y en ellos cada vez es mayor la confianza que me tienen, a tal punto que suelen esperar de mí incluso cuando todo está perdido.

Muchas veces sucede que un problema gremial mal conducido, o por dificultades económicas insolubles, no puede tener solución adecuada, satisfactoria para los obreros. Entonces es cuando mi trabajo, de simple y sencillo, se vuelve difícil. Entonces es cuando más me empeño en buscar la solución y mi más grande alegría es encontrarla y ofrecerla a los obreros.

¿Acaso ellos no encontraron la solución de un problema que estaba perdido cuando reconquistaron a Perón para ellos y para mí, el 17 de octubre de 1945?

Y cuando de mis recursos no queda ya ninguno, entonces acudimos al supremo recurso que es la plenipotencia de Perón, en cuyas manos toda esperanza se convierte en realidad aunque sea una esperanza ya desesperada.

XXII

UNA SOLA CLASE DE HOMBRES

Aquí tengo que repetir una lección que muchas veces he oído del general.

Es la que se refiere al concepto justicialista del trabajo y del capital que a mí me sirve de fundamento para mis tareas de carácter gremial.

El objetivo fundamental del Justicialismo en relación con el movimiento obrero es hacer desaparecer la lucha de clases y sustituirla por la cooperación entre capital y trabajo.

El capitalismo, para darle todo al capital, explota a los trabajadores.

El comunismo, para solucionar el problema, ideó un sistema de lucha que no terminará sino cuando haya una sola clase social; pero a esto se llega por la destrucción, que es efecto de una lucha larga, y sin cuartel, entre capital y trabajo.

El Justicialismo en cambio quiere también llegar a una sola clase de hombres: la de los que trabajan. Ésta es una de las verdades fundamentales del Peronismo.

Pero no quiere llegar por la lucha sino por la cooperación.

No queremos una sola clase proletaria sino una sola clase de hombres desproletarizados que vivan y trabajen dignamente.

Que los obreros ganen para vivir honradamente como personas humanas y que los patrones se conformen con ganar también como para mantener la industria, progresar y vivir dignamente. ¡Dignamente, pero no principescamente!

No queremos que nadie explote a nadie y nada más. Esto es lo que Perón ha querido asegurar para su pueblo y ha quedado bien asentado en la nueva Constitución.

☀ ☀ ☀

Yo, sin embargo, por mi manera de ser, no siempre estoy en ese justo punto de equilibrio. Lo reconozco. Casi siempre para mí la justicia está un poco más allá de la mitad del camino... ¡Más cerca de los trabajadores que de los patrones!

Es que para llegar a la única clase de argentinos que quiere Perón, los obreros deben subir todavía un poco más, pero los patrones tienen mucho que bajar.

Lo cierto es que yo, que veo en cada obrero a un descamisado y a un peronista no puedo ver lo mismo, si no está bien probado, en un patrón.

Soy sectaria, sí. No lo niego; y ya lo he dicho. Pero ¿podrá negarme alguien ese derecho? ¿Podrá negarse a los trabajadores el humilde privilegio de que yo esté más con ellos que con sus patrones?

Si cuando yo busqué amparo en mi amargo calvario

de 1945, ellos, solamente ellos, me abrieron las puertas y me tendieron una mano amiga.

Mi sectarismo es además un desagravio y una reparación. Durante un siglo los privilegiados fueron los explotadores de la clase obrera. ¡Hace falta que eso sea equilibrado con otro siglo en que los privilegiados sean los trabajadores!

Cuando pase este siglo creo que recién habrá llegado el momento de tratar con la misma medida a los obreros que a los patrones, aunque sospecho que ya para entonces el Justicialismo habrá conseguido su ideal de una sola clase de hombres: los que trabajan.

* * *

No tengo aspiraciones de profeta; pero estoy firmemente convencida de que, cuando el siglo se cumpla, los hombres recordarán con cariño el nombre de Perón; y lo bendecirán por haberles enseñado a vivir.

XXIII

DESCENDER

Algunos suelen pensar —y aun me lo han dicho ingenuamente— que al tratar con los obreros realizo un sacrificio demasiado grande y demasiado generoso.

Más de una vez, sobre todo al principio de mi trabajo,
cuando mis visitantes no conocían «mis respuestas», fue
pronunciada en mi presencia la palabra «descender».

—Desciende generosamente hasta los obreros —decían.

O en forma de consejo:

—Tal vez no sea conveniente que usted haga el gran
sacrificio de descender hasta ellos.

Sé que a veces bastó por toda respuesta la indignación de una mirada.

Otras veces, la indignación llegó hasta las palabras
mismas y reconozco que fui dura en esto, incluso con
algunos amigos que no me comprendían.

Ni me sacrifico, ni desciendo.

Nada del trato con los obreros me resulta desagradable.

Son hombres sencillos, sí. Dicen las cosas crudamente, estoy de acuerdo. No andan con muchos rodeos para decir lo que piensan, pues no aprendieron todavía a mentir. Cuando yo no he cumplido alguna vez, incluso me lo han dicho y han sabido decírmelo sin que me sintiera ofendida.

Yo nunca he seleccionado a los obreros que me visitan. Sé que a veces han venido a verme aun algunos comunistas infiltrados entre los peronistas. Pero nunca he sido ofendida por una sola palabra.

Hemos discutido a veces en forma enérgica y durante largo rato sobre problemas de mucha gravedad; pero nunca he tenido que «descender» a recoger una baja expresión torpe o indigna.

La gente oligárquica, que cree que «desciendo» por tratar con los obreros, aprendería mucho de ellos y tal vez —aunque esto lo digo sin ninguna esperanza—, tal vez «subiría» un poco en honradez y en dignidad.

* * *

En los círculos oligárquicos precisamente suele hablarse de las exageradas pretensiones de los trabajadores.

Yo puedo asegurar que nunca, sino por excepción, exigen más que lo justo y cuando piden más de lo razonable se debe a un error de cálculo que pronto reconocen o al consejo de malos amigos infiltrados entre ellos, o a veces, a los mismos patrones, para quienes un aumento de salarios es pretexto que les sirve para aumentar los precios diez veces más de lo que el crecimiento de salarios justifica.

Son tan sensatos nuestros obreros en su manera de

reclamar mejoras que muchas veces yo les he podido dar la «sorpresa» de obtenerles más de cuanto habían solicitado los más optimistas.

* * *

En mi despacho nunca faltan obreros. Yo los veo muchas veces conversar con los ministros, con los altos funcionarios, embajadores, visitantes ilustres y aun famosos.

Me gusta ver cómo los obreros no temen el trato de nadie y se sienten iguales y, ¿por qué no?, creo que a veces, en mi despacho, se «sienten más que los otros» porque allí ellos tienen un privilegio.

Los demás pueden aspirar al derecho de mi amistad, los obreros saben que tienen ya derecho a un poco más que mi amistad, y es mi cariño.

Viendo cómo los obreros tratan y aprecian a los demás he aprendido mucho.

Sé ahora que los hombres que saben ganarse el afecto de los obreros son por lo general dignos del Movimiento Peronista: y que no sirven para nuestra lucha quienes no saben o no pueden conquistar aquel afecto.

Es que los obreros sólo dan su amistad y su afecto a quienes honrada y lealmente ofrecen amistad. Y tienen una fina sensibilidad que les permite descubrir a quien únicamente desea utilizar la amistad como puente de sus ambiciones personales.

* * *

Yo podría escribir días enteros acerca de los mil ínfimos detalles de mi labor sindical.

Pero he querido señalar solamente lo fundamental, lo que hará comprender un poco, a mucha gente, el sentido del trabajo que cumplo como un deber irrenunciable de gratitud y de amor.

Pero nadie tendrá una idea exacta de todo esto si no ha tenido oportunidad de conocer el alma generosa y noble de los hombres a quienes el trabajo ha hecho dignos como no pueden serlo sino quienes trabajan.

A esa dignidad no se puede «descender». Es tan absurdo como si alguien dijese: voy a descender al Aconcagua.

A esa dignidad sólo puede ascenderse, y mi principal ambición es subir cada día un poco más.

XXIV

LA TARDE DE LOS MIÉRCOLES

Todos los miércoles por la tarde el general Perón atiende exclusivamente a los trabajadores agremiados.

La Casa de Gobierno, en esas tardes, adquiere un aspecto especial.

Porque habitualmente las audiencias del presidente de la República son concedidas individualmente, aunque no faltan nunca las visitas de núcleos más o menos numerosos de personas.

Pero en la tarde de los miércoles las audiencias son siempre numerosas, tanto por la cantidad de las mismas como por la cantidad de obreros de cada delegación.

Es, por otra parte, la única tarde de la semana en que mi trabajo se desarrolla cerca del general.

Tal vez convenga que mis lectores conozcan algunos detalles de este trabajo mío y en qué consiste.

La tarde de los miércoles es para mí algo así como una tarde de cosecha.

Todo el trabajo de mi semana da sus frutos mejores

en las cinco o seis horas que en este día paso en la Casa de Gobierno.

Durante la semana recibo de los gremios sus pedidos de audiencia.

Por supuesto que todos desearían estar siempre de visita en la Presidencia y en esto reside un poco también la dificultad de mi papel de «Evita».

En esta parte de mi trabajo es donde puede verse con más claridad la verdad de ese papel humilde pero tal vez útil para mi pueblo.

Por lo menos así lo creo yo.

No todos los gremios pueden ver todos los miércoles al Líder; pero todos tienen iguales derechos.

Yo parto de este principio muy simple:

Trato de que cada gremio esté por lo menos una o dos veces al año con el general.

Por supuesto que sólo tienen este privilegio los dirigentes superiores, a quienes muchas veces suelen agregarse los compañeros de las filiales del sindicato en el interior del país. Esto sucede por lo general cada vez que un gremio se reúne en asamblea nacional.

Cada audiencia lógicamente debe tener un motivo de excepción, ya que utilizar el tiempo del presidente de la República debe ser también algo excepcional.

El motivo extraordinario siempre se da en la vida de las organizaciones obreras.

A veces, es un problema que solamente puede solucionar Perón en su doble calidad de conductor del país y del movimiento.

Nadie sino él tiene en el país esa doble investidura y esa doble plenipotencia.

Siempre existen problemas gremiales cuya solución debe consultar no sólo los intereses de los trabajadores sino también los de todo el pueblo y aun de la nación misma.

En estos casos solamente el Líder de los trabajadores, conductor del pueblo y de la nación, puede ver el panorama en forma total.

Él solamente puede hacer ver a los trabajadores hacia dónde y hasta dónde el problema puede y debe ser solucionado.

Algunas veces suelo asistir también a estas audiencias y me siento feliz comprobando cómo el Líder recibe directamente de los trabajadores las inquietudes del pueblo; y el pueblo conoce directamente lo que piensa, lo que quiere hacer y lo que hace su conductor.

Pienso que no deben ser muchos los pueblos que así, tan sencillamente, sin fórmula ninguna, pueden estar en contacto con la autoridad suprema del país.

Más... pienso que en esto reside una gran parte del secreto del éxito con que gobierna Perón los destinos de su pueblo.

Porque, en esas audiencias, no es obligación hablar solamente del problema que motivara la entrevista.

El mismo general pregunta a sus visitantes acerca de cualquiera de los problemas que preocupan su atención de gobernante y de conductor en esos momentos.

A veces, se habla del costo de la vida, o de los salarios en general o de política internacional...

Tal vez por eso, en cierto momento, ante una inquietud internacional que se cernía sobre el país, Perón pudo decir a los argentinos:

—Yo no haré sino lo que el pueblo quiera.

Y bastó eso para que todo el país se tranquilizara.

¡El pueblo sabe muy bien que Perón conoce lo que quiere su pueblo!

Otras veces, las audiencias gremiales tienen como motivo hacer conocer al presidente el estado de las actividades de la organización.

Todo el año los gremios trabajan por su propio mejoramiento.

Así, por ejemplo, además de sus esfuerzos por el aumento de sus salarios y condiciones de trabajo, construyen sus sanatorios, policlínicos, organizan sus cooperativas y mutualidades, sus escuelas de capacitación sindical, sus bibliotecas, sus clubes, etc., y se sienten felices cuando pueden llevar a quien les ha señalado el camino los resultados de haber escuchado sus consejos de amigo y de Líder.

En otras ocasiones, la audiencia tiene por objeto llevar al presidente las conclusiones de una asamblea nacional del gremio.

En estos casos por lo general asisten delegados de todo el país y entonces yo suelo estar también presente en la entrevista.

En estas circunstancias oímos primero a los dirigentes del gremio, quienes le hacen conocer al presidente de la nación —que para ellos es siempre «el querido coronel» de la Secretaría de Trabajo y Previsión y además «primer trabajador argentino»— todo lo que la asamblea nacional ha resuelto.

Después Perón suele hablarles largamente sobre los temas del momento nacional haciéndoles saber así «cómo van las cosas».

Esto es muy útil para todos porque cada delegado obrero lleva así a un rincón distinto del país la palabra del Líder, en una versión directa. Muchas veces incluso el general habla a los trabajadores de temas que solamente pueden ser tratados en una conversación directa y privada.

De esta manera el pueblo sabe todo cuanto su conductor piensa acerca de todos sus problemas, incluso de aquellos sobre los cuales nadie, excepto el presidente, podría decir una sola palabra autorizada.

Con excepción de estas audiencias numerosas, a las que asisto sólo cuando el presidente me invita, yo no estoy presente en las visitas que los gremios hacen al Líder en la tarde de los miércoles.

Y no vaya a creerse que no sean mis deseos estar con ellos.

Pero ya lo he dicho otra vez: mis funciones terminan donde empiezan las del presidente de la República.

Además hay otra razón: quiero que los obreros hablen siempre con Perón a solas porque ni yo misma quiero aparecer alguna vez como un obstáculo entre el pueblo y su Líder.

La gran desgracia de muchos pueblos y de muchos países consiste en que los gobernantes por ellos elegidos «se dejan rodear».

Bien o mal rodeado, ¡un gobernante que se deja rodear establece un obstáculo entre él y su pueblo!

Si hay un deseo y un propósito firmísimo en Perón es precisamente que entre él y su pueblo nada ni nadie se interponga.

Por eso yo misma sólo conduzco a él.

Soy algo así como un camino por donde el pueblo humilde, ¡el pueblo trabajador!, llega a su presencia.

Y aun tengo mucho cuidado en no ser yo tampoco el único camino porque ¡eso también sería una valla entre el pueblo y Perón!

Una vez los obreros en presencia del Líder, yo me retiro, y aun cuando permanezca en la Casa de Gobierno, atiendo otros problemas, que nunca faltan en los gremios que esperan el turno de su audiencia.

Quizás en muchos detalles como éste resida el secreto de mi éxito.

Detalles que no tienen aparente importancia, pero cuidarlos es fácil y es provechoso.

No me sería posible terminar este capítulo sin decir que las tardes de los miércoles son, en general, tardes felices para nosotros.

Al término de la jornada regresamos juntos, el Líder y yo, a nuestra residencia privada y yo me gozo viéndole satisfecho y alegre; el contacto con sus descamisados, con los «grasas» —como los mismos obreros suelen llamarse a sí mismos—, le reconforta.

Muchas veces suele decirme al final de estas jornadas:

—Vamos bien. ¡Los «muchachos» están contentos!

Y a mí me alegra verlo a él satisfecho y me emociona siempre pensar que un hombre como él, en el más alto pedestal del país, se siente feliz simplemente por eso... porque un humilde jornalero tal vez le haya dicho que «está contento con su presidente».

XXV

LOS GRANDES DÍAS

Pero cuando la felicidad de Perón llega a su más alto grado es en los días en que celebramos nuestras grandes fechas.

27 de noviembre: Día de la Secretaría de Trabajo y Previsión. 17 de Octubre: Día de la Lealtad.

1 de Mayo: Día del Trabajo.

En las dos últimas fechas el pueblo se reúne en cantidad extraordinaria; y en el escenario mismo de nuestras mayores glorias: en la plaza de Mayo.

El gran acto público es organizado siempre por la Confederación General del Trabajo y a él asisten, en masa, los obreros de la capital y delegaciones del interior del país.

Confieso que los días que preceden a estas fiestas cumbres de nuestro movimiento son de grandes trabajos para mí.

No porque me toque intervenir para nada en la organización sino porque tratándose de fiestas populares me esfuerzo para que todos los trabajadores puedan celebrarlas con la mayor alegría.

Reviso entonces todos los problemas pendientes y para ello recibo a las organizaciones gremiales a fin de arreglar todos sus problemas pendientes. De esta manera la alegría es mayor y la fiesta es total.

Me causaría pena ver desde los balcones de la Casa de Gobierno, en esos días solemnes, a alguna organización cuyos problemas mayores no hayan tenido solución pudiendo haberla tenido.

No es porque tema la ausencia de algún sector, no.

Por el contrario, aun en circunstancias muy difíciles para algunos sindicatos, siempre han estado presentes como para certificar que el Líder es para ellos siempre Líder y como ellos dicen: «¡En las buenas y en las malas!»

El 27 de noviembre conmemoramos el Día de la Secretaría de Trabajo y Previsión.

Aunque no es fiesta nacional, ya que todo el país, empezando por la administración pública, trabaja en este día como en los demás días laborables del año, los obreros no se olvidan de celebrarlo dignamente con un acto popular que se realiza ante el edificio de la Secretaría.

La fecha tiene un significado extraordinario: aquel día, en 1943, primer año de la Revolución, Perón convirtió el viejo e inútil Departamento Nacional del Trabajo en la Secretaría de Trabajo y Previsión.

Ya he dicho en estos apuntes que aquel día empezó realmente la revolución.

Para Perón fue aquél un día de triunfo.

Para los obreros, el primer día de sol después de una larga noche de angustias y zozobras y de explotación oligárquica.

El Primero de Mayo, que en otros tiempos fue triste celebración de los trabajadores oprimidos, es ahora una de nuestras dos fiestas mayores.

Alguna vez visitantes extranjeros nos han preguntado por qué mantiene el gobierno una fecha que tiene, en todo el mundo, un sentido de revolución y de rebeldía y que es aprovechada en todas partes por los comunistas en contra de lo que los mismos visitantes llaman «el orden legalmente constituido».

Siempre les he aclarado, acerca de esto, varias cosas y pienso que estos apuntes, destinados a tantas preguntas silenciosas, deben contener las mismas contestaciones que yo he dado a quienes me han hecho las preguntas en forma personal.

En primer lugar, creo que el gobierno no podría «suprimir» la celebración.

¡Es cosa del pueblo!

Y Perón ha dicho muchas veces que no hará sino lo que quiera su pueblo.

El pueblo que antes sufrió en cada Primero de Mayo la angustia de la opresión, y aun de la muerte, no puede menos que recordar la fecha con alegría.

Antes de Perón, el Primero de Mayo se reunían los trabajadores en las plazas y en las calles de todas las ciudades del país y sus dirigentes aprovechaban la oportunidad para hablarles.

Los buenos dirigentes, por lo general, tenían muy poco que decir en realidad: ¡más que hablar de esperanzas, las realidades eran muy pocas, entonces!

Los malos dirigentes, los falsos dirigentes, los que habían aprendido la lección en libros extraños o en tierras extrañas no desperdiciaban la ocasión de agitar a sus compañeros.

Ante las escasas realidades que podían ofrecer y ante la larga espera de las promesas nunca cumplidas, el camino más fácil era excitar a la rebelión y a la anarquía.

Los gobiernos, fríos e inaccesibles a todo clamor y a

todo dolor, respondían a aquellos actos con el silencio o —las más de las veces— con la policía.

Y el Primero de Mayo casi siempre se vestía de rojo, ¡porque era el día de verterse sangre humilde, que nunca es azul...!, ¡siempre roja... porque siempre es pura!

El pueblo argentino no olvida aquellas jornadas de angustia y de muerte.

¿Por qué no va a celebrar la fecha ahora que puede hacerlo sin temores y sin inquietudes?

En vez de gritos con los puños crispados frente a las puertas cerradas de la Casa de Gobierno, el pueblo trabajador argentino celebra ahora cada Primero de Mayo en una fiesta magnífica que preside desde los balcones de la Casa de Gobierno su conductor en su calidad de «primer trabajador argentino», título sin duda el más preciado por Perón.

Y lo maravilloso es que en vez de temer a la muerte en este día, el pueblo suele ofrecer su vida gritando un estribillo que siempre me toca el alma: «¡La vida por Perón!»

* * *

El 17 de Octubre es otra cosa.

Pero el pueblo es el mismo, y el lugar, como siempre desde 1945, es la plaza de Mayo.

Es nuestro «día de la lealtad».

Desde 1945, todos los años los descamisados de mi país se dan cita en ese lugar.

Como en aquella primera noche memorable, cada año quiere ver y escuchar a Perón.

Éste es para mí un día de grandes emociones.

Aunque siempre me propongo ser fuerte hasta el fin, nunca lo consigo del todo.

Es demasiado fuerte para mi corazón contemplar al mismo tiempo la felicidad del pueblo y la de Perón.

Desde el balcón que preside la fiesta me es posible ver las caras de los descamisados y la cara del Líder.

Es magnífico siempre el espectáculo, pero se vuelve indescriptible cuando habla Perón.

Cada año él pregunta a su pueblo si está satisfecho con el gobierno. Cuando millares y millares de voces responden que sí, se estremece toda la plaza de Mayo y puedo afirmar que ese estremecimiento, que viene desde tantas almas, sacude violentamente mi corazón.

Lo que ocurre en el alma de Perón tal vez me resulte muy difícil describirlo.

Cuando quise presentar en estos apuntes la figura del Líder dije que era mejor salir a verlo, como quien invita a conocer una cosa indescriptible como el sol.

Decir lo que pasa en el alma de Perón cada 17 de octubre es una cosa parecida a eso.

Yo no creo que sea verdad aquello del influjo magnético de la multitud sobre su conductor y del conductor sobre la multitud.

En cambio creo que es más bien un problema de sensibilidad.

Pienso que muchos hombres reunidos, en vez de ser millares y millares de almas separadas son más bien una sola alma.

Para que esa alma se manifieste es necesario que el conductor tenga la sensibilidad suficiente como para poder oír las voces del alma gigantesca de la multitud.

Es necesario por eso poseer un alma extraordinaria para ser conductor.

Y allí está el secreto de Perón: ¡en su alma!

Y eso —su alma— es precisamente lo que no se puede describir, lo mismo que el sol. Ni siquiera es posible mirarlo. Hay que conformarse con sentirlo calentando la piel, iluminando el camino.

Y eso es lo que «siente» el pueblo cada 17 de octubre; eso es lo que siento yo en mi pequeñez infinita frente a cada encuentro de Perón con su pueblo.

Sentimos que el sol nos calienta la piel y nos inyecta su calor en la sangre, dándonos vida.

Sentimos que el sol ilumina todos nuestros caminos.

Y cuando termina la jornada sabemos que nos hemos hecho mutuamente felices.

El líder ha dejado contento y tranquilo a su pueblo.

El pueblo se siente feliz sabiendo que Perón sigue siendo el mismo de 1945.

Y Perón se queda contento con su pueblo.

La fiesta termina cuando el pueblo recuerda que el 18 de octubre de 1945 hizo un día de huelga y empieza a gritar:

—¡Mañana es «San Perón»!

Y entonces el Líder, como en 1945, dispone otra vez esa «huelga» de un día, pacífica y alegre, la única huelga del mundo que no se hace contra nada ni contra nadie porque, lo mismo que en 1945, los trabajadores dejan sus tareas diarias para celebrar el regreso de Perón.

Por eso no pueden dejar de celebrar el aniversario.

Por lo general en las noches del 17 de octubre se me hace difícil conciliar el sueño.

Porque el cariño del pueblo es un hermoso sueño, ante cuya belleza incomparable no se puede soñar nada mejor.

Y me gusta prolongarlo recordándolo porque así se olvida todo lo que cuesta vivir en esta lucha diaria.

Y se retoman las fuerzas necesarias para poder seguir al día siguiente como todos los días.

XXVI

DONDE QUIERA
QUE ESTE LIBRO SE LEA

Cuando empecé estos apuntes solamente me guiaba el propósito de explicar los motivos, las causas y algunos aspectos de la misión que me toca cumplir en la Nueva Argentina de Perón. Quería explicar por qué estoy en este camino.

Pero a esta altura del trabajo pienso que ya me he detenido muchas veces —demasiadas quizás— en describir más bien el paisaje que bordea mi camino.

No me arrepiento sin embargo.

¡Al fin y al cabo, por qué vivo, cómo vivo o por qué soy lo que soy, no ha de interesar tanto al mundo como saber cómo viven y cómo son un pueblo que se siente feliz y un hombre que ha podido ser causa de una felicidad tan grande!

Porque, en realidad, hasta ahora, aparte de mis primeros capítulos casi todo lo demás ha sido describir el maravilloso paisaje que acompaña mi camino: ¡Perón y su pueblo!

Me pregunto si tal vez en lo más secreto de mi

corazón, en mi subconsciencia no tendría ya, al iniciar estos apuntes, el propósito de buscar otro pretexto más para hablar de ellos precisamente: de Perón y de su pueblo.

Y esto lo digo aquí porque no quiero engañar a nadie.

¡Quizás en eso consista mañana mi única gloria: en haber sabido decir toda la verdad acerca de los grandes amores de mi vida, tal como yo los vivo, los siento y los sirvo!

Porque el amor no se entiende ni se completa si no se lo sirve.

Para mí, amar es servir.

Por eso toda mi vida tiene para mí una explicación tan fácil.

Todo el «secreto» consiste en que he decidido *servir* a mi pueblo, a mi patria y a Perón.

Y *sirvo* porque amo.

Sirvo al pueblo porque primero el pueblo ganó mi corazón. Y porque Perón me enseñó a conocerlo más y por lo tanto a quererlo mejor.

Y sirvo a la causa de Perón y a Perón mismo como puedo y donde puedo, aunque reconozco que servir a Perón es lo mismo que servir al pueblo. Y lo reconozco con alegría. ¿Acaso en eso no está la «clave», la explicación de mi propia vida?

* * *

He dicho ya cómo sirvo a los obreros.

Ahora quiero explicar cómo sirvo a los «humildes».

Pero antes, como un saludo de despedida para los trabajadores, dos palabras más para ellos.

Dos palabras de gratitud.

Aspiro a que donde quiera se lea este libro se conozcan los sentimientos de mi corazón agradecido.

Porque ellos fueron los primeros que tuvieron fe en Perón.

Porque ellos creyeron aun antes de ver.

Porque no lo abandonaron jamás.

Porque lo rescataron de su prisión el 17 de octubre de 1945.

Porque lo hicieron presidente de los argentinos el 24 de febrero de 1946.

Y sobre todo les agradezco una cosa: ¡que lo quieran así como lo quieren!

¡Y que esto se sepa donde quiera que este libro se lea!

XXVII

ADEMÁS DE LA JUSTICIA

Entre mis lectores habrá indudablemente dos clases de almas, como en todos los rincones del mundo.

La clase de las almas estrechas que no conciben como cosas reales, ni la generosidad, ni el amor, ni la fe, ni siquiera la esperanza.

Si este libro cae entre las manos de un alma así, yo le ruego que no siga adelante.

¡No vale la pena! Todo le parecerá inútil, o simple propaganda.

Ahora empiezan los capítulos que no podrán entender más que las almas que todavía creen en la sinceridad, en la fe, en el amor, en la esperanza.

A éstas sí las invito a que sigan un poco más adelante.

A ellas, como a los visitantes de mis obras de ayuda social les iré mostrando al mismo tiempo, juntos, cómo van por la vida, el dolor y el amor.

Les mostraré primero el dolor de mi pueblo, y no estará de más que nos detengamos a verlo, tal como desde el mirador de mi vida lo he visto yo, cada vez mejor y de más cerca.

¡Les mostraré luego lo que hace el amor para que el dolor sonría y sonriendo se atenúe, o se aleje o se vaya!

* * *

Desde el día que me acerqué a Perón advertí que su lucha por la justicia social sería larga y difícil.

Cuando él fue explicándome sus propósitos (y sus propósitos eran nada menos que invertir todo un sistema económico capitalista en uno más digno y más humano y por lo tanto más justo) se confirmaron mis presentimientos: ¡la lucha sería larga y difícil!

Veía yo el espectáculo de muchos millones de argentinos esperando justicia; y frente a ellos, a Perón queriendo dar a todos lo que a cada uno se debía dar.

Y al mismo tiempo luchando contra las fuerzas conjuradas de la antipatria y de las potencias extrañas a la nación, decididas a seguir explotando la buena fe y la generosidad de nuestro pueblo.

Por más que yo creía en Perón, tal vez más de lo que él mismo creía en sus propias fuerzas, nunca me pude imaginar que la mayor parte de sus sueños —¡y vaya si eran sueños!— se realizaría tan pronto en mi país.

Su razonamiento era simple. Tal vez demasiado simple como para que le creyeran los hombres comunes, que, como suele decir Perón, «andan en bandadas como los gorriones y vuelan bajo».

Solía decirme en 1945:

—La justicia social exige una redistribución de todos los bienes del país para que haya así menos ricos y menos pobres.

»Pero, ¿cómo podrá redistribuir los bienes del país un gobierno que no tenga en sus manos el poder económico?

»¡Por eso es necesario que yo dedique todos mis esfuerzos para asegurar la independencia económica del país! Habrá que nacionalizar todo lo que sea un medio de dependencia económica; y todo lo que importe una salida innecesaria de riqueza nacional. ¡Así, habrá más bienes para el pueblo!

»¡Así el pueblo tendrá lo que necesita o por lo menos todo lo que a él le pertenece!

»Todo eso, claro está, llevará tiempo... y muchos argentinos morirán todavía sin poder ver la hora de la Justicia.

Esto último me hizo pensar que «mientras tanto» era necesario hacer alguna otra cosa.

Cuando Perón llegó a la Presidencia de la nación me pareció que había llegado el momento de hacer esa «otra cosa».

Yo sabía, por el mismo Perón, que la justicia no se realizaría en todo el país de un día para otro. Y los argentinos, sin embargo, los «descamisados», los humildes, creían tanto y tan ciegamente en su Líder que todo lo esperaban de él, y todo «rápidamente», incluso aquellas cosas que sólo pueden arreglarse con milagros cuya escasez por otra parte es notoria en estos tiempos.

Era indudable que mientras Perón se disponía a trabajar con alma y vida en su empresa justicialista había que hacer algo más.

Yo sentía que ese algo más me tocaba a mí, pero francamente no sabía cómo hacerlo.

Por fin un día me animé... me animé a hacer... ¡una corazonada!

Me asomé a la calle y empecé a decir más o menos esto:

—Aquí estoy. Soy la mujer del presidente. Quiero servir a mi pueblo para algo.

Los descamisados que me oyeron fueron pasándose la noticia unos a otros.

Empezaron a llegar hasta mí; unos, personalmente y otros, por carta.

En aquellas cartas ya empezaron a llamarme «Evita». Entonces les dije:

—Prefiero ser Evita a ser la mujer del presidente de la República, si ese «Evita» sirve para algo a los descamisados de mi patria.

Así empezó mi obra de ayuda social

No puedo decir que nació en mí.

En cambio me parece más exacto decir que nació de un entendimiento mutuo y simultáneo entre mi corazón, el de Perón y el alma grande de nuestro pueblo.

Es una obra común.

Y así la sentimos: obra de todos y para todos.

XXVIII

EL DOLOR DE LOS HUMILDES

Me quedó pendiente del capítulo anterior una invitación que vengo a cumplir en éste: como a los visitantes de mis obras de ayuda social quiero ahora ir haciendo conocer a mis lectores un poco del dolor y del amor de mi pueblo.

Un poco del dolor, primero.

Aquí también, como en todo el mundo, la injusticia social de muchos años ha dejado en todos los rincones del país dolorosos recuerdos de su paso.

Cuando Perón tomó la bandera de la justicia social, los argentinos sumergidos eran infinitamente más que los pocos privilegiados que emergían.

Pocos ricos y muchos pobres.

El trigo de nuestra tierra, por ejemplo, servía para saciar el hambre de muchos «privilegiados también» en tierras extrañas; y los «peones» que sembraban y cosechaban aquí ese trigo no tenían pan para sus hijos.

Lo mismo sucedía con todos los demás bienes: la carne, las frutas, la leche.

Nuestra riqueza era una vieja mentira para los hijos de esta tierra.

Cien años así fueron sembrando de pobreza y de miseria los campos y las ciudades argentinos.

Recuerdo haber mencionado en uno de mis primeros capítulos el espectáculo de miseria que rodeaba a nuestra gran capital cuando me fue dado verla por primera vez.

Después de cinco años de lucha intensa en el gobierno y con todo el esfuerzo de la ayuda social puesta en marcha intensamente, todavía el cuadro no ha desaparecido del todo, aunque va quedando muy poco de él, como para triste recuerdo de la Argentina que encontró Perón.

Para cuando incluso ese recuerdo desaparezca, yo quiero describir un poco el paisaje, pero no por fuera como un pintor sino por dentro, tal como yo lo he visto. ¡Tal como yo lo he sufrido, viéndolo!

Para ver la pobreza y la miseria no basta con asomarse y mirarla. La pobreza y la miseria no se dejan ver así tan fácilmente en toda la magnitud de su dolor porque aun en la más triste situación de necesidad el hombre y más todavía la mujer saben ingeniárselas para disimular, un poco al menos, su propio espectáculo.

Por eso cuando los ricos se acercan a esas colmenas de arquitectura baja que son los barrios pobres con que las grandes ciudades se derraman en el campo por lo general, no ven bien...

Un poco es la subconsciencia culpable que no los quiere dejar ver bien y a fondo la realidad total.

Y otro poco es por aquello que dije de la misma pobreza que se esconde.

Los desprevenidos visitantes que pasean por allí verán ranchos de paja y barro, casillas de latón, algunas macetas de flores y algunas plantas, oirán algún canto más o menos alegre, el bullicio de los chicos jugando en los baldíos... y acaso se les ocurrirá pensar que todo eso es poético y tal vez romántico.

Por lo menos frecuentemente he oído decir que se trata de barrios «pintorescos».

Y esto me ha parecido la expresión más sórdida y perversa del egoísmo de los ricos.

¡Pintoresco es para ellos que hombres y mujeres, ancianos y niños, familias enteras deban habitar unas viviendas peores que los sepulcros de cualquier rico, medianamente rico!

Ellos no ven jamás, por ejemplo, qué ocurre allí cuando llega la noche.

Allí donde cuando hay cama no suele haber colchones, o viceversa; o ¡donde simplemente hay una sola cama para todos...!, ¡y todos suelen ser siete u ocho o más personas: padres, hijos, abuelos...!

Los pisos de los ranchos, casillas y conventillos suelen ser de tierra limpia.

¡Por los techos suelen filtrarse la lluvia y el frío...! ¡No solamente la luz de las estrellas, que esto sería lo poético y lo romántico!

Allí nacen los hijos y con ellos se agrega a la familia un problema que empieza a crecer.

Los ricos todavía creen que cada hijo trae, según un viejo proverbio, su pan debajo del brazo; y que donde comen tres bocas hay también para cuatro. ¡Cómo se ve que nunca han visto de cerca la pobreza!

Y todo eso todavía es felicidad cuando nadie en la familia está enfermo; que cuando esto ocurre entonces el calvario llega a los más amargos extremos.

Entonces la angustia de los padres, si el enfermo es un hijo, por ejemplo, no tiene límites.

Yo los he visto andar por las calles, cargando con el hijo en los brazos, buscando médico, farmacia, hospital, cualquier cosa; porque ni los servicios de la asistencia pública se atrevían a meterse en esos laberintos de covachas que son los barrios «pintorescos».

Yo también los he visto volver a casa con el hijo muerto entre los brazos para dejarlo allí sobre una mesa y salir a buscar un ataúd como antes buscaron médico y remedios: desesperadamente.

Los ricos suelen decir:

—No tienen sensibilidad, ¿no ve que ni siquiera lloran cuando se les muere un hijo?

Y no se dan cuenta de que tal vez ellos, los ricos, los que todo lo tienen, les han quitado a los pobres hasta el derecho de llorar.

¡No...! Yo no podré evidentemente describir lo que es la vida en cualquiera de esos barrios «pintorescos».

Y me resigno a desistir de mi intento.

Pero una cosa quiero repetir aquí, antes de seguir adelante.

Es mentira de los ricos eso de que los pobres no tienen sensibilidad.

Yo he oído muchas veces en boca de «gente bien», como ellos suelen llamarse a sí mismos, cosas como éstas:

—No se aflija tanto por sus «descamisados». Esa «clase de gente» no tiene nuestra sensibilidad. No se dan cuenta de lo que les pasa. ¡Y tal vez no convenga del todo que se den cuenta!

Yo no encuentro ningún argumento razonable para refutar esa mentira injusta.

No puedo hacer otra cosa que decirles:

—Es mentira. Mentira que inventaron ustedes los ricos para quedarse tranquilos. ¡Pero es mentira!

Si me preguntasen por qué, yo tendría solamente algo que decirles, muy poca cosa. Sería esto:

—¡Yo he visto llorar a los humildes y no de dolor, que de dolor lloran hasta los animales! ¡Yo los he visto llorar por agradecimiento!

¡Y por agradecimiento, por agradecimiento sí que no saben llorar los ricos!

XXIX

LOS COMIENZOS

El espectáculo que he intentado vanamente describir era, a los comienzos del movimiento justicialista, una cosa habitual en todas las ciudades del país.

Pero además lo mismo sucedía en los pueblos y cuanto más pequeños con mayor intensidad.

Y cosa parecida ocurría en los campos donde los arrendatarios, medieros y peones habían sufrido durante muchas décadas los efectos de la opresión oligárquica.

Es cierto que una de las primeras medidas justicieras de Perón fue precisamente establecer nuevas condiciones de salarios y de trabajo para los trabajadores rurales.

Y eso era lo fundamental.

Pero antes que el salario justo y las condiciones dignas de trabajo diesen sus frutos de bienestar era necesario remediar también tanto dolor de muchos años.

En todas partes hacía falta vivienda, vestidos, salud.

Para eso había salido yo a decir por las calles:

—Aquí estoy. Quiero servir de algo para mi pueblo. Cuando advertí que mi voz todavía tímida había sido escuchada por los descamisados de mi país, cuando empecé a ver que llegaban cartas y más cartas, y hombres y mujeres, jóvenes y niños y ancianos empezaban a golpear a las puertas de nuestra residencia privada, recién me di cuenta de lo que iba a significar mi «corazonada».

Aunque ya había previsto antes que aquélla era una empresa casi imposible, me convencí de eso cuando esa tarea se me presentó en toda su realidad.

Sin embargo, Perón ya me había enseñado muchas cosas y entre ellas a suprimir de mi diccionario la palabra *imposible*.

Él, que volaba «alto y solo como los cóndores» (le tomo las palabras que él mismo suele aplicar a los genios que admira: San Martín, Alejandro, Napoleón), me había tomado a mí de la «bandada de gorriones» y me había dado sus primeras lecciones.

Una, la primera tal vez, fue hacerme olvidar de la palabra *imposible*.

Y empezamos. Poco a poco. No podría decir exactamente qué día fue. Lo cierto es que primero atendí personalmente todo. Luego tuve que pedir auxilio. Y por fin me vi obligada a organizar el trabajo que en pocas semanas se hizo extraordinario.

Cierto es que desde el primer día conté con el apoyo moral y material del presidente, pero tampoco era cuestión de apoyarse demasiado en él, que tenía otros problemas mucho más graves que los míos.

Recuerdo que alguna vez pensamos si era o no conveniente que fuese yo quien realizase la tarea o mejor tal vez algún organismo del Estado.

Y fue el mismo Perón quien me dijo:

—Los pueblos muy castigados por la injusticia tienen más confianza en las personas que en las instituciones.

»En esto, más que en todo lo demás, le tengo miedo a la burocracia.

»En el gobierno es necesario tener mucha paciencia y saber esperar para que todo marche. Pero en las obras de ayuda social no se puede hacer esperar a nadie.

Aquel razonamiento lógico y simple como todos los de Perón me confirmó en el puesto que él, los descamisados y yo habíamos elegido juntos para mí.

XXX

LAS CARTAS

Todos los días el correo deja en nuestra residencia privada millares de cartas.

Todas en sobres humildes.

En forma sencilla pero elocuente, los descamisados de aquí —y también los descamisados de otros pueblos— suelen hacerme así sus peticiones.

Cada uno me escribe como puede. Muy pocas veces se ve que la carta ha sido escrita por otra persona... tal vez porque el propio interesado no sabe escribir o no se anima a hacerlo, creyendo, quizás, que si la carta está mejor escrita tendrá más éxito.

Y en esto muchas veces sucede lo contrario, porque ni la mejor prosa literaria puede sustituir a la elocuencia tremenda del que necesita ropa o vivienda o medicamentos o trabajo o... cualquiera de las cosas que necesitan los que me escriben.

Me escriben muchas cartas las madres de familia.

Cuando llega Navidad o el Día de Reyes recibo infinitas cartas de los niños.

También muchos ancianos suelen mandarme sus peticiones.

Una pequeña parte de la correspondencia carece de sentido y contiene raros pedidos, imposibles de satisfacer...

Pero la inmensa mayoría sabe bien lo que quiere y pide sencilla y razonablemente con pocas palabras aunque siempre con una elocuencia que es maravillosa.

¡Para mí lo importante es que esas cartas huelen a pueblo porque oliendo a pueblo huelen a verdad!

Un día dijo sabiamente Perón que él había recorrido todo el país de extremo a extremo, y que habiendo conocido todas sus bellezas y maravillas al fin vino a dar con su mayor y más alta belleza: el pueblo.

Si alguien dudase de esa verdad peronista que dice: «Lo mejor que tenemos es el pueblo», yo lo invitaría a que leyese mis cartas, solamente las cartas que en un solo día llegan a mí desde todos los rincones del país.

Después de una larga experiencia ahora sé positivamente que no engaña más una carta que una cara.

Claro que en este tipo de correspondencia nadie sino por excepción pretende engañar.

El que pide vivienda o ropa o una máquina de coser, o trabajo o medicamentos o cualquiera de las cosas que puede pedir un descamisado, no ha de querer engañarnos porque, si lo que pide le llega, cuando llegue quedará descubierta su mentira.

Yo, con todo gusto, dejaría que mis eternos críticos leyeran alguna vez toda esa enorme cantidad de angustiosos llamados que son las cartas de los humildes.

Únicamente así tal vez comprenderían —si es que les queda algo de inteligencia y un poco de alma— todo el daño que han hecho al país cien años de opresión oligárquica y capitalista.

Únicamente así tal vez entenderían que la ayuda social es indispensable y es urgente.

Y tal vez únicamente así me perdonarían —aunque no aspiro a que jamás me perdonen— las palabras con que los he condenado, los condeno y los seguiré condenando cada vez que sea necesario, porque ellos estuvieron presentes, como causantes o por lo menos como testigos silenciosos, de la explotación opresora que regía como ley a la Argentina que Perón está curando de sus viejas y dolorosas heridas.

* * *

Pero la indignación —¡siempre mi vieja indignación!— me ha hecho desviar un poco del tema.

Toda la correspondencia que me llega es clasificada de inmediato por un centenar de mis colaboradores.

Para este trabajo he elegido a hombres y mujeres humildes.

No podría ser de otra manera. «Solamente los humildes salvarán a los humildes», dice siempre Perón.

Y es verdad. Así como un rico ve un paisaje pintoresco en los barrios suburbanos de ranchos y de conventillos y solamente los pobres saben ver más allá de la pintura; en el caso de las cartas, un rico no vería sino literatura... Y frente a ese enorme espectáculo de angustia y de dolor no vería toda la fe y el amor y la esperanza que cada mensaje trae a mis manos y no se le ocurriría acaso nada mejor que decir:

—¡De todo esto, cuántas mentiras le dirán!

Y lo trascribo porque muchas veces he «sentido» que lo ha pensado alguno de ellos que circunstancialmente ha contemplado la montaña de mi correspondencia diaria.

A lo sumo tal vez se les ocurrirá —y esto me lo han dicho de viva voz— que allí habría abundante material para un estudio de psicología...

Después dicen que los pobres no tienen «nuestra» sensibilidad.

Esto es lo que a veces me hace estallar en arranques de incontenible indignación: ¡el injusto contraste de los ricos, insensibles al dolor humano, acusando de insensibilidad a los que precisamente están sufriendo por culpa de la abundancia de los ricos!

Por eso, hombres y mujeres que han sufrido mucho son los que yo he elegido para que hagan el trabajo que yo no puedo ya materialmente realizar: leer las cartas que me llegan, clasificarlas y resolver cuanto se pueda.

Una vez clasificado todo, procedo cada día a considerar lo que tiene pronta solución y también aquello que no teniéndola a primera vista parezca ser de gran urgencia para el solicitante.

En los casos especiales indico que se cite a los interesados para una audiencia en la Secretaría de Trabajo y Previsión.

De estas audiencias hablaré después.

Claro está que entre cinco, seis y aun a veces diez, y quince mil cartas que alcanzan a llegar en un día muchos casos quedarán sin solución.

Sobre todo cuando lo que se pide es vivienda o empleo no siempre la solución está al alcance rápido e inmediato de mis manos.

Pero aun en estos casos muchas veces cuando el que ha escrito ya cree que su carta no me ha llegado o me he olvidado de él, le hacemos el presente de lo que ha pedido.

En general trato de que los problemas se solucionen cuanto antes.

Solamente cuando no es posible dar una solución inmediata queda reservada la carta hasta que se pueda hacer algo.

* * *

Debe ser que el sistema de las cartas da resultado porque cada vez son más las que llegan y por otra parte ya no puedo salir a ninguna parte sin que me esperen con su carta en la mano hombres y mujeres y niños, a tal punto, que cuando salgo siempre tengo que prever que ocurrirá eso y llevar conmigo una cartera de buen tamaño o ¡quien me sirva de cartero!

Nosotros repetimos siempre una frase de Perón que dice: «En la Nueva Argentina los únicos privilegiados son los niños».

Y esta verdad trato yo de cumplirla también con mis cartas.

Las cartas de los niños tienen siempre un especial privilegio.

¡Me gusta leerlas cuando quiero descansar un poco, o tal vez reconfortarme de alguna desilusión en los otros aspectos de mi lucha!

Son tan puros y tan ingenuos...

Como cuando por ejemplo una descamisadita de ocho años me escribe diciéndome textualmente:

«Querida Evita: yo quiero para los Reyes cualquier cosa con tal de tener un recuerdo suyo. Pero no tengo ninguna bicicleta.»

Toda la carta es eso; pero ¿quién se niega a mandarle un «recuerdo»?

XXXI

MIS TARDES DE AYUDA SOCIAL

Las audiencias de los pobres son mis descansos en la mitad de muchas jornadas agotadoras.

Dos veces a la semana, por lo menos, dedico la tarde a esta misión de intermediaria entre los humildes y Perón, porque aunque la Fundación soluciona en gran parte los problemas de esta gente, nada sería y nada haría sin Perón, la causa y el alma de mi Ayuda Social.

¡Bueno, Perón es el alma de todo lo que yo he hecho, de lo que hago y de lo que haré de bueno y de bien en mi vida!

Lo que hago en mis audiencias con los más humildes descamisados de mi pueblo: los pobres, es muy sencillo.

Los recibo por lo general en la Secretaría, aunque a veces, cuando no me alcanza el tiempo y hay muchas cuestiones urgentes que arreglarles, les doy cita en la Residencia. Pero con preferencia los atiendo en la Secretaría, como un homenaje a Perón que la creó y también, ¿por qué lo he de ocultar?, con la secreta intención de que la «casa de los trabajadores», como la llamó el Líder, tenga cada día todavía un poco más del cariño de los descamisados.

En una sala contigua a mi despacho, en el mismo lugar donde atiendo a los gremios, allí van pasando por turno ante mi mesa las familias o las personas que me traen sus problemas grandes y pequeños.

Hay de todo en esas «tardes de ayuda social»: problemas de vivienda, desalojo, de enfermedad, de empleo; pero al mismo tiempo que esos problemas materiales muchos me traen sus casos íntimos, los más raros y los más difíciles de arreglar, porque para eso no tengo, muchas veces, más que buenas palabras y consejos.

Llegan, por ejemplo, con el pretexto de pedir mi ayuda material, hombres y mujeres que no saben ya qué hacer de sus vidas... yo no sé por qué ni para qué vienen a verme a mí, ni qué esperan que yo les dé. Son almas destrozadas por el dolor y la injusticia. El hambre, la persecución, la miseria, las han hecho caer en todos los errores y llega un momento en que no saben ya qué camino seguir...

Éstas son las audiencias «secretas».

Porque la mayoría de la gente me expone sus problemas en voz alta, pero casi siempre en cada audiencia hay un poco de «secreto». Entonces me dicen las cosas en voz baja, casi al oído, y muchas veces, llorando.

Por eso, porque yo conozco las tragedias íntimas de los pobres, de las víctimas que han hecho los ricos y los poderosos explotadores del pueblo, por eso mis discursos tienen muchas veces veneno y amargura. Ante una mujer, por ejemplo, arrojada a la calle por un oligarca soberbio y egoísta que la ha engañado con sus imbéciles palabras de amor, ¡qué poco me parece todavía gritar con toda mi alma lo que tantas veces he gritado: que la justicia se cumplirá inexorablemente, cueste lo que cueste y caiga quien caiga!

Y como este caso, cada tarde de ayuda social desfilan ante mí centenares de almas destrozadas por el egoísmo de los hombres.

Sé que muchos no entenderán nunca todo esto.

Cuando lean estas páginas las comentarán sonriendo con suficiencia, pensando que «esto es demasiado melodramático».

Yo quisiera gritarles:

—¡Sí, claro que es «melodrama»! Todo en la vida de los humildes es melodrama. El dolor de los pobres no es dolor de teatro, sino dolor de la vida, y bien amargo. Por eso es melodrama, melodrama cursi, barato y ridículo para los hombres mediocres y egoístas. ¡Porque los pobres no inventan el dolor...!, ¡ellos lo aguantan!

Por eso grito muchas veces hasta enronquecerme y quedar afónica, cuando en mis discursos se me escapa la indignación que llevo, cada vez más viva, casi como una herida en mi corazón.

Muchas veces he deseado que mis insultos fuesen cachetadas o latigazos para que dándoles a muchos en plena cara les hiciesen *ver* aunque no fuese más que por un momento lo que yo veo todos los días en mis audiencias de ayuda social.

Y cuando digo que la justicia ha de cumplirse inexorablemente, cueste lo que cueste y caiga quien caiga, estoy segura de que a mí, Dios me perdonará haberlos insultado porque los he insultado por amor, ¡por amor a mi pueblo!, pero a ellos les va a hacer pagar todo lo que sufrieron los pobres ¡hasta la última gota de sangre que les quede!

XXXII

LIMOSNA, CARIDAD
O BENEFICENCIA

Tal vez porque mi más profundo sentimiento es el de la indignación ante la injusticia, yo he conseguido hacer mi trabajo de ayuda social sin caer en lo sentimental ni dejarme llevar por la sensiblería.

Por otra parte, Perón me ha enseñado que lo que yo hago en favor de los humildes de mi patria no es más que justicia.

En la vereda de enfrente, algunos mediocres han discutido y creo que deben seguir discutiendo —¡ya no me queda tiempo que perder en oírlos!— sobre mi obra. No me importa lo que piensen de mí, ni de lo que hago. Me basta saber que hago lo mejor que sé y lo mejor que puedo. Pero me causa gracia la discusión, cuando no se ponen de acuerdo ni siquiera en el nombre del trabajo que yo hago.

No. No es filantropía, ni es caridad, ni es limosna, ni es solidaridad social, ni es beneficencia. Ni siquiera es ayuda social, aunque por darle un nombre aproximado yo le he puesto ése.

Para mí, es estrictamente justicia. Lo que más me indignaba al principio de la ayuda social era que me la calificasen de limosna o de beneficencia.

Porque la limosna para mí fue siempre un placer de los ricos: el placer desalmado de excitar el deseo de los pobres sin dejarlo nunca satisfecho. Y para eso, para que la limosna fuese aún más miserable y más cruel, inventaron la beneficencia y así añadieron al placer perverso de la limosna el placer de divertirse alegremente con el pretexto del hambre de los pobres. La limosna y la beneficencia son para mí ostentación de riqueza y de poder para humillar a los humildes.

Y muchas veces todavía, en el colmo de la hipocresía, los ricos y los poderosos decían que eso era caridad porque daban —eso creían ellos— por amor a Dios.

¡Yo creo que Dios muchas veces se ha avergonzado de lo que los pobres recibían en su nombre!

Mi obra no quiere ser de «esa» caridad. Yo nunca he dicho, ni diré jamás, que doy nada en nombre de Dios.

Lo único que se puede dar en nombre de Dios es lo que deja alegres y contentos a los humildes; no lo que se da por compromiso ni por placer sino lo que se da por amor.

No sé dónde he leído que el amor no es solamente querer a los demás, sino también hacerse amable. Bueno: eso es lo que yo quiero que sea mi obra.

Que nadie se sienta menos de lo que es, recibiendo la ayuda que le presto. Que todos se vayan contentos sin tener que humillarse dándome las gracias.

Por eso inventé un argumento que me resultó felizmente bien:

—Si lo que yo doy no es mío, ¿por qué me lo agradecen?

Lo que yo doy es de los mismos que se lo llevan.

Yo no hago otra cosa que devolver a los pobres lo que todos los demás les debemos, porque se lo habíamos quitado injustamente.

Yo soy nada más que un camino que eligió la justicia para cumplirse como debe cumplirse: inexorablemente.

Por eso trabajo en público. Yo no pretendo hacer otra cosa que justicia y la justicia se debe administrar públicamente. Esto lo he dicho ya tantas veces en mis cinco años de luchas que a nadie le parece ahora denigrante llegarse hasta mi mesa de trabajo.

Por eso yo no espero nunca el agradecimiento, que es una manera de humillación, aunque me emociona la gratitud de los humildes como ninguna otra cosa. Sobre todo porque se expresa tan sinceramente.

Me acuerdo de la carta de una mujer a quien había mandado una máquina de coser. De los primeros trabajos que cobró me mandó cinco pesos. Lamento no tener aquella carta a mano para transcribirla aquí íntegramente, porque no tenía desperdicio. En cada línea se veía cómo es de pura y de limpia el alma grande de los pobres. Todas las cartas tienen algo de esa grandeza. Un oligarca diría que los pobres también saben mentir. No niego que sepan, ¡pero estoy segura de que mienten mucho menos que los ricos! Y si mienten, al fin y al cabo es por necesidad, mientras que ellos, los ricos, ¡mienten por placer!

Todo esto me parece que se va convirtiendo en una charla demasiado larga.

Con razón a veces el general Perón me dice que hablo mucho.

Pero todas estas cosas las escribo a medida que brotan de mi corazón. Tengo miedo de olvidarme de algo que pueda hacer comprender a mis lectores cómo es mi misión en la Nueva Argentina de Perón.

No porque yo tenga necesidad de ser comprendida.

No. Pero me interesa que mis amigos comprendan un poco más a Perón y a su pueblo... a sus descamisados.

Por eso me esfuerzo en tantas explicaciones.

Dios quiera que sirvan para algo; y yo seré feliz.

XXXIII

UNA DEUDA DE CARIÑO

Todas estas cosas me las han oído decir públicamente y en todas partes los descamisados que se acercan a
pedirme lo que necesitan.

Por eso llegan hasta mí sin sentirse humillados y
muchos se alegran en mi presencia.

Yo he deseado que fuese así. Y aún más, yo he tratado de que así sucediese. Que se presenten ante mí como
si pidiesen justicia, como se exige un derecho.

Además no me piden a mí. Lo que solicitan es aquello que se les negó siempre y que Perón les prometió: un
poco de bienestar, un poco de felicidad.

En realidad, analizando bien, ellos vienen a pedir el
cumplimiento de la palabra empeñada por Perón. Por
eso, allí yo me siento como una empleada más de él, sin
otro sueldo que su cariño y el de mi pueblo... ¡nadie gana tanto en este mundo como yo!

Lo que interesa es que la palabra de Perón se cumpla. Los que me piden algo a mí, lo piden a Perón; y pedir a Perón no es humillante para nadie ni aun para los

más encumbrados. Menos para un descamisado, que ve en él a un padre o a un amigo.

Esto es real, absolutamente real.

Cuando salimos en nuestros paseos por la ciudad o viajamos por el país me gusta oír los gritos con que la gente saluda a Perón:

Son saludos «descamisados».

—Adiós, «viejo» —le gritan.

—Adiós, «Peroncito».

—¡Ojalá no te mueras nunca, Perón!

—Adiós, «Juancito».

A los viejos políticos oligarcas, señores de cuello duro y de ilustres apellidos, todo esto les parece ridículo y demagógico.

Ellos no se mezclaron nunca con el pueblo. Porque les daba repugnancia estar con el pueblo. Porque no se sentían cómodos entre la «chusma».

Y cuando alguno de ellos, más ambicioso, vencía la repugnancia y la incomodidad para escalar alguna posición utilizando al pueblo como trampolín, entonces el pueblo lo trataba como a gente de otra clase.

Y si no era doctor lo «doctoreaba» para demostrarle así que no lo sentía como de la casa.

Con Perón ocurre lo contrario: el pueblo lo saluda y lo trata como a uno de los suyos; como si fuese de la familia.

Y yo me alegro.

Eso es cariño puro como ninguna otra cosa de la tierra: cariño sin interés y sin medida: cariño limpio de pueblo que no se puede pagar sino con obras de amor.

Por eso cuando doy cualquier cosa, por más pequeña que sea, siento que estoy pagando no sólo una deuda social... o una deuda de la patria para con sus hijos más humildes. ¡Siento que estoy pagando una deuda de cariño!

Por eso muchas veces he dicho que he de seguir luchando hasta dar la vida si fuese necesario: porque una deuda de cariño como la que yo tengo con el pueblo no se termina de pagar sino con la vida.

XXXIV

FINALES DE JORNADA

Casi siempre me acompañan en mis audiencias de ayuda social visitantes extranjeros, altos funcionarios del Gobierno y amigos del Movimiento Peronista. Y eso no me disgusta. Por el contrario, me alegra.

En cuanto a los extranjeros, porque así ven personalmente que no es verdad tanta mentira como anda por el mundo.

Los funcionarios y amigos del movimiento me acompañan y también me gusta verlos a mi lado. Es bueno que sientan un poco, de vez en cuando, el clamor del pueblo y el dolor del pueblo. ¡Así no se volverán oligarcas!

Yo he comprobado que cuando a uno de los nuestros se les empiezan a subir los humos a la cabeza, deja de gustarle ese contacto con la masa, con los descamisados. Y si no reacciona pronto, está perdido.

Yo sé que amigos, funcionarios y visitantes extranjeros vienen a ver mi trabajo por mí misma y no por los pobres que atiendo y que aun muchos vienen sólo por curiosidad; y, sin embargo, les agradezco mucho más una visita en mis tardes de ayuda social que cien en la Residencia. Sobre todo esto vale para los colaboradores más cercanos del presidente, porque si alguna cosa temo es que los hombres que tienen una responsabilidad en el Gobierno, absorbidos por el trabajo, pierdan contacto con el pueblo, aun en contra de su propia voluntad.

Además los ministros me ayudan mucho en mis tareas. Y más me ayudan cuanto más me visitan y ven lo que hago.

También me gusta que estén presentes en mis tardes de ayuda social los gremios que después tendrán audiencia conmigo. Como casi todo el dinero de mi obra me viene de ellos es justo que vean cómo y en qué lo gasto. Al fin y al cabo, yo no soy allí sino administradora de bienes comunes.

* * *

Termino siempre tarde mi trabajo en estos días de ayuda social. Muchas veces ya no circulan subterráneos, ni trenes, ni ciertas líneas de tranvías o de ómnibus. Entonces las familias que he atendido y que viven lejos de la Secretaría tendrían serios inconvenientes para retirarse a sus domicilios si no contase yo con los coches de mis visitantes.

Lo gracioso es que a veces se terminan todos los coches y entonces debo utilizar también el mío y más de una vez he tenido que tomar un taxímetro para volver a la Residencia. No vaya a creerse que esto me resulta un gran sacrificio. No. Creo que lo hago por cierto espíritu de aventura que llevo en el alma. Me encanta ver la sorpresa del taximetrista cuando me reconoce. Si es peronista se alegra mucho. Y si no lo es (bueno, creo que esto no me ha pasado nunca), por lo menos no podrá decir que es mentira eso de que trabajo hasta tan tarde.

Por lo general, cuando termino mi trabajo, ceno con algunos amigos de los que me han acompañado.

A veces cenamos en la Residencia, otras en el Hogar de la Empleada. Durante la cena muchas veces resuelvo con mis colaboradores algún problema que nos va quedando atrás o que se nos ha presentado durante el día.

Cuando la cena es en el Hogar de la Empleada, una de las obras de la Fundación, me acompaña siempre un grupo más numeroso de mis amigos.

Estas cenas se convierten en algo así como una peña; una peña peronista por supuesto.

El que es poeta puede allí lucirse lo mismo que el que tiene facilidades de orador.

¡La única condición es que nadie puede decir una palabra que no se refiera al Líder común!

Conservo en mi corazón un grato recuerdo de esta clase de reuniones que espontáneamente se convierten en homenajes cálidos y sinceros a Perón, que muchas veces a esa hora ya está de pie, iniciando su jornada nueva.

Frecuentemente llego a la Residencia cuando Perón se dispone a salir para la Casa de Gobierno.

El general suele enojarse un poco conmigo por estas exageraciones de mi desordenada manera de trabajar.

Pero... no puedo con mi genio. Él es militar y por eso es amigo del orden y trabaja siempre con método y disciplina.

Yo no puedo hacer eso aunque me lo propusiese, tal vez porque estoy en el frente mismo de la lucha, y él, en el comando supremo.

Lo peor es que muchas veces para que el presidente se duerma tranquilo le he prometido terminar pronto el trabajo y llegar temprano a casa.

Ahora ya no me cree. Sabe que cuando tengo «ayuda social» y «gremios» no iré a cenar con él y que me acostaré cuando él está por levantarse o aun después. Cuando se enoja, suelo decirle que así como para él sería un deshonor llegar tarde a cualquier parte, para mí el deshonor sería cumplir un horario puntualmente.

Y con el aplomo de mi declaración se va convencido ya de que soy «un caso sin remedio».

* * *

Algunos creen que el desorden de mi trabajo es una cosa estudiada... con efectos de propaganda y de exhibición.

Me gustaría que mis supercríticos se dedicasen alguna vez a esta clase de «propaganda». Sería mucho mejor el mundo si hubiese más propaganda de este tipo. No sé si me explico...

Lo que pasa es una cosa muy simple: los pedidos me asedian y todos son urgentes. El que sufre no puede esperar. Todos quieren verme. Y yo no puedo atender a todos.

Muchas veces, sin embargo, viéndome fatigada la gente que me espera se va para volver otro día.

Ninguno que se vaya sin estar conmigo podrá decir que no halló buena voluntad para recibirlo, puesto que me ha visto trabajando hasta cansarme.

Si no hiciese esto, muchos se quedarían descontentos pensando que no deseo recibirlos... Así, en cambio, todos saben que no me alcanza ni el tiempo ni mis fuerzas para que todos se vayan contentos; y es lo único que deseo.

XXXV

AMIGOS EN DESGRACIA

Yo quiero que la Secretaría sea siempre algo así como la casa paterna de todos los peronistas de mi patria.

Allí nació para los descamisados el nombre de Perón.

Allí él nos enseñó el camino de la felicidad y de la grandeza. Allí conocimos la magnífica y extraordinaria nobleza de su alma.

Por eso me gusta que, aun cuando no esté en ella Perón mismo, se lleguen hasta la Secretaría los hombres y las mujeres que forman los cuadros del movimiento Peronista.

Yo los recibo siempre con cariño; y aunque no siempre me es posible atenderlos largo rato, ellos saben que cuando me necesitan siempre me encuentran allí, es decir lo encontrarán a Perón, porque yo nunca he de querer ser en la vieja Secretaría nada más que la sombra de él... ¡del Líder y conductor de los argentinos!

* * *

El movimiento Peronista, como todas las grandes revoluciones, no se ha hecho sin el sacrificio de algunos hombres que lo llevaron adelante.

Si alguien no se preocupase por recoger a estos hombres que quedan al borde del camino, todos irían a formar un núcleo de resentidos y de amargados, y éstos serían por lo menos una sombra para un movimiento que quiere abrazar al pueblo con el amor y la justicia.

A veces son hombres que han cometido graves errores, otras veces han tomado caminos demasiado difíciles para sus fuerzas, o se han envanecido y el mareo les ha hecho caer desde las alturas o cualquier otra causa los ha eliminado de los primeros puestos del movimiento y han tenido que ir de nuevo al llano.

Esto ocurre frecuentemente en nuestras luchas porque Perón quema las etapas de la marcha con un ímpetu extraordinario... tan extraordinario que mucha gente se queda atrás y es necesario reemplazarla por fuerzas nuevas.

Esa misma marcha vertiginosa de Perón no le permite detenerse para consolar a los caídos y a los desplazados.

Otras veces, se trata de hombres que caen injustamente en las pequeñas luchas que nunca faltan en los sectores del partido mismo.

A todos los recibo también en mi despacho.

No son obreros ni son pobres y no tienen nada que ver en el movimiento femenino... pero son peronistas en desgracia ¡y eso me basta!

Yo siempre recuerdo lo que dice una de las verdades peronistas que más me gusta: «Para un peronista no hay nada mejor que otro peronista.»

Yo le añadiría una frasecita más y quedaría a mi gusto.

Yo diría: «Para un peronista no hay nada mejor que otro peronista y con mayor razón si está en desgracia.»

Muchas veces he recibido a amigos peronistas que nadie recibía ya: ni ministros, ni dirigentes del partido, y que incluso no debían ser recibidos por ellos.

Al principio tuve que soportar algunas críticas amargas.

Me acuerdo por ejemplo del caso de un ministro que hubo de separar a un alto funcionario y que me interpeló porque a las pocas horas yo lo recibí cordialmente en mi despacho.

Esas corazonadas me costaron algún dolor de cabeza pero me expliqué lo mejor que pude.

Me acuerdo que llegué a explicárselo a Perón, más o menos así:

—Se trata de hombres del movimiento que no podemos dejar tirados al borde del camino. Si a pesar del fracaso o del error que se castiga en ellos siguen sintiéndose peronistas de corazón, eso es un mérito mayor que quienes nunca han sufrido ninguna derrota.

El general aprobó mi razonamiento.

Por eso sigo atendiendo a los peronistas caídos, desplazados y a los peronistas en desgracia.

Y muchas veces he encontrado en ellos condiciones para otra cosa, los he orientado por otro camino y han triunfado.

Me he acordado de esta rara misión mía en medio de estos capítulos, destinados a la ayuda social, porque si bien esta tarea de atender a los amigos en desgracia no es de ayuda social, tiene, sin embargo, el mismo sentido de justicia y de amor que tiene aquélla.

Los otros, los que nunca hayan sufrido una derrota,

o un mal momento, o un fracaso a pesar de las buenas intenciones, no se imaginan lo duro que son esos momentos.

Todo el mundo se aleja del que ve vencido.

Todo el mundo se olvida voluntariamente de él. En esto los hombres deberían ser más buenos. Todos. También nosotros, los peronistas.

Nos olvidamos de la verdad peronista que dice: «Para un peronista no hay nada mejor que otro peronista.»

La he dicho ya antes, pero es necesario repetirla muchas veces hasta que nadie se olvide de ella y todos la cumplamos bien.

En esto debemos diferenciarnos también de la oligarquía.

Ellos se hicieron ricos y poderosos a fuerza de destruir a los demás, a fuerza de la desgracia ajena.

Nosotros no podemos ser como ellos.

Por eso tengo cuidado de atender a los amigos caídos.

Para no sentirme con alma de oligarca: egoísta, sórdida, incapaz de nada generoso.

Con esta explicación sé que me comprenderán ahora un poco mejor los que alguna vez no comprendieron esas «corazonadas».

Además, por si les quedara alguna duda yo me permito pedirles que se acuerden de una sola cosa: en cada peronista caído yo siento mi desolación de aquel octubre de 1945... cuando todas las puertas se me cerraban. ¡Y todas las almas!

XXXVI

MI MAYOR GLORIA

En realidad estos apuntes me están saliendo como me sale uno cualquiera de mis días en los que todo se mezcla vertiginosamente: audiencias gremiales, o de ayuda social, actos oficiales, visitas protocolares, política, atención de las obras en marcha... ¡y qué sé yo cuántas otras cosas más que no sé en qué casillero podrían ubicarse!

Es que un trabajo realizado exige otro y no hay más remedio que seguir adelante. Yo, desde ahora me lamento ya de que la vida, por más larga que sea, sea tan corta, porque hay demasiado que hacer para tan poco tiempo.

Pero menos mal por otra parte que es así. ¡Dios sabe lo aburrido que me resultaría vivir con tiempo de sobra!

Las audiencias de ayuda social, por ejemplo, me han obligado a abrir otros caminos de actividad en mi vida.

En cuanto empecé a atender a los pobres me di cuenta de que la cuestión no era sólo atenderlos. Más importante que atenderlos era cumplir con ellos.

Ellos piden. Y piden porque les hemos dicho que tienen derecho a pedir lo que no tienen por culpa de un siglo miserable de explotación y de injusticia.

Tenemos por eso obligación de darles lo que es justo que pidan.

Para eso tuve que organizar mi ayuda.

Para darles ropa, utensilios, camas, colchas, máquinas de coser, materiales de construcción, etc. Tuve que crear grandes depósitos que son ahora mi mayor orgullo.

Para darles vivienda tuve que construirlas y para construirlas hubo que organizar equipos de técnicos y de obreros y lanzarlos después a trabajar en todo el país.

Para atender a la necesidad apremiante de techo que muchas veces tienen los pobres por tantas circunstancias extrañas e imprevistas, y mientras llega la solución definitiva, tuve que construir los «hogares de tránsito» donde se alojan las mujeres y los niños de esas familias en desgracia.

Para atender a los ancianos desvalidos hubo que construir hogares de ancianos.

Los pedidos de juguetes de los chicos me hicieron pensar que era mejor si el regalo les llegaba en un día apropiado y por eso, todos los años, para el día de Reyes, la Fundación cumple con los niños, que son, en la Nueva Argentina de Perón, «los únicos privilegiados».

Lo mismo sucedió con la sidra y el pan dulce que para Navidad llega a todos los hogares humildes de la patria, más bien como un símbolo del amor que Perón tiene por su pueblo.

Para poder alojar a los niños huérfanos o abandonados hubo que organizar la construcción de los hogares-escuela y sembrarlos por todo el país, porque en todas partes la miseria había hecho sus víctimas entre los niños.

Así fue naciendo, poco a poco, todo lo que ahora ya es una realidad; y así fue creciendo, casi por fuerza de las circunstancias.

Todo tiene su primera causa en aquella «patriada» mía de 1946 cuando salí a la calle ofreciéndole a mi pueblo mi corazón de Evita.

¡Y no me arrepiento!

El trabajo es grande pero está lleno de pequeñas y grandes alegrías. A veces, en mi afán de construir, con la fiebre de hacer cosas grandes que Perón me ha contagiado, se me complican los planes y aparecen grandes inconvenientes.

Ahora, para decir la verdad, los inconvenientes me preocupan a mí menos que a mis colaboradores. Yo me he acostumbrado a ver cómo se arreglan los problemas más insolubles, y ninguno me preocupa demasiado.

Dios es más Dios de los pobres que de los ricos... y además —como suele decir Perón— a Dios hay que ayudarlo... para que nos ayude.

¡Y yo creo que en la Fundación lo ayudamos bastante!

El trabajo que dan las obras se compensa con la alegría de inaugurarlas, de verlas sirviendo a los humildes, llenas de niños, de ancianos, de descamisados un poco más felices que antes.

Nunca gozo tanto del fruto de mis trabajos como cuando el general visita mis obras... muchas veces visitamos juntos la ciudad infantil, los hogares de tránsito, los hogares de ancianos y de menores, el Hogar de la Empleada, los barrios de vivienda.

Yo me alegro mucho viendo la cara de felicidad que pone Perón en sus visitas, que son para él un descanso y un aliento en su camino de tantos esfuerzos y de tantas luchas.

Y mi mejor premio es su palabra de aliento y de agradecimiento. Suele decirme muchas veces:

—El gobierno no podría hacer nada de esto. El Estado todavía no tiene «alma», no tiene «mística». Y esto no se puede hacer sin amor.

Y, aunque muchos crean que yo debiera haberme acostumbrado a los elogios del general, lo cierto es que ninguna condecoración, ningún premio me parece mejor que sus palabras.

Cuando inauguramos nuestras obras siempre asiste Perón a los actos que hacemos en cada caso. Él es el invitado de honor, por supuesto, el primer invitado.

Los actos de esta clase son muy sencillos.

Digo yo primero algunas palabras ofreciéndole la obra.

Luego le ofrecen su trabajo los obreros que la levantaron siempre con mucho amor y a veces con gran sacrificio.

¡Y luego Perón nos da las gracias...!

Muchas veces al terminar mi pequeño discurso suele premiarme con un beso en la frente.

Nadie puede imaginarse lo que su prueba de agradecimiento es para mí.

Ninguna gloria del mundo debe ser más grande, ni más pura que mi gloria de esos días jubilosos para mi corazón.

Evita Perón junto al conde Sforza, canciller de Italia, da un paseo en barco por la bahía de Génova, julio de 1947.

María Eva Duarte ora en la Basílica de San Pedro luego de su audiencia con el papa Pío XII. Tras ella a la derecha de la fotografía, aparece su hermano Juan. 27 de junio de 1947.

Página del diario *La Vanguardia* de Barcelona, donde se da a Evita el título de Presidenta de la Argentina. 22 de junio de 1947.

Eva Perón junto al Caudillo de España Generalísimo Franco, en los balcones del palacio de Oriente, después de recibir la Gran Cruz de Isabel la Católica, el 9 de junio de 1947.

Evita y Perón en el Autódromo Municipal. 1951

«De aquella mujer sólo sabemos que el pueblo la llamaba cariñosamente Evita.»

Evita comienza su jornada. Junto a ella su peinador Julio Alcaraz y su manicura Sara Gatti. 1949.

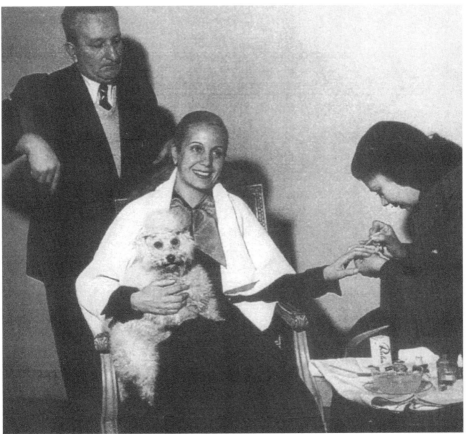

Evita y el general Perón en uno de los salones de la Residencia presidencial, también llamada palacio Unzué, ubicada en el solar donde hoy está la Biblioteca Nacional. Junto a ellos podemos ver al gobernador de la provincia de Buenos Aires, coronel Mercante, Alejandro Apold, subsecretario de Informaciones, Héctor Cámpora, presidente de la Cámara de Diputados y Juan Duarte, hermano de Evita y secretario privado del presidente, entre otros. 7 de mayo de 1948.

Evita, Perón y el coronel Mercante, el 7 de mayo de 1950, día del cumpleaños de Eva, mirando un regalo en la residencia presidencial.

Eva Perón y dirigentes gremiales en la Secretaría de Trabajo y Previsión.
Año 1948.

«Fui a la Secretaría de Trabajo y Previsión porque en
ella podía encontrarme más fácilmente con el pueblo
y sus problemas.»

Evita junto al general Perón en la inauguración de los «Campeonatos Infantiles Evita». Febrero de 1949.

«El país que olvida a la niñez y que no busca solucionar sus necesidades, lo que hace es renunciar al porvenir.»

Evita entrega una pensión a la vejez. 1948.

«¡Yo he visto llorar a los humildes y no de dolor, que de dolor lloran hasta los animales! ¡Yo los he visto llorar por agradecimiento! ¡Y por agradecimiento, por agradecimiento sí que no saben llorar los ricos!»

Eva Perón es proclamada jefa del Partido Peronista Femenino por la Asamblea Constitutiva del mismo. Teatro Nacional Cervantes, 30 de julio de 1949.

Evita lee al príncipe Bernardo de Holanda los originales de *La razón de mi vida*. Entre los presentes están: Perón, Cámpora y Apold. 4 de abril de 1951.

El matrimonio Perón asiste a la inauguración de un barrio obrero. 2 de setiembre de 1949.

XXXVII

NUESTRAS OBRAS

¿Puedo seguir hablando un poco más de nuestras obras?

Aquí me doy cuenta de que algunas veces he escrito *mis* obras y otras veces, como ahora, las llamo *nuestras* obras.

No quiero corregir sin embargo ninguna de las dos formas.

Son *mías* en cierto modo; y en cierto modo son *nuestras*.

Son mías porque allí pongo todo mi corazón.

Los ingenieros y arquitectos de la Fundación proyectan sobre mis grandes planes... pero después yo pongo en cada obra todo eso que ellos no vieron.

Sobre todo al principio me costaba hacerles entender que los hogares de la Fundación no eran asilos... que los hospitales no eran antesalas de la muerte sino antesalas de la vida... que las viviendas no debían ser lugares para dormir sino para vivir alegremente...

No era culpa de ellos que no me comprendiesen de primera intención.

Durante cien años el alma estrecha de los ricos, para acallar la voz de la conciencia, no concibió nada mejor que tratar a los pobres con migajas de limosna.

Limosna eran no solamente las monedas miserables y frías que los ricos dejaban caer sobre las manos extendidas de los pobres. Limosna eran también los asilos escasos que construyeron con las sobras de alguna herencia multimillonaria.

Todo en la «obra social» del siglo que nos precedió fue así: frío, sórdido, mezquino y egoísta...

En cada asilo de la oligarquía se pinta de cuerpo entero el alma explotadora de una raza humana que felizmente morirá en este siglo, víctima de su propio orgullo, de su propio egoísmo.

Los niños que «ellos» intentaron «salvar», no olvidarán jamás que «ellos» fueron sus verdugos.

«Ellos» los hicieron «comunistas» poniéndoles un uniforme gris, dándoles de comer un solo plato, cerrándoles todas las puertas de la dicha humana, de la simple dicha que es tener un hogar o una imitación del hogar por lo menos.

Ellos crearon el «comunismo» el día que englobaron a todos los pobres del mundo bajo el rótulo común de chusma.

Ahora se dan cuenta del error. Pero es tarde.

Con sangre o sin sangre, la raza de los oligarcas explotadores del hombre morirá sin duda en este siglo...

Y morirán también todos los conceptos que ellos crearon en la estrechez del alma que llevaban dentro, ¡si es que tuvieron alma!

A mí me ha tocado el honor de destruir con mi obra algunos de esos viejos conceptos.

Por eso mis «hogares» son generosamente ricos... más aún, quiero excederme en esto. Quiero que sean lujosos. Precisamente porque un siglo de asilos miserables no se puede borrar sino con otro siglo de hogares «excesivamente lujosos».

Sí. Excesivamente lujosos. No me importa que algunas «visitas de compromiso» se rasguen las vestiduras y aun con buenas palabras me digan:

—¿Por qué tanto lujo?

O me pregunten casi ingenuamente:

—¿No tiene miedo de que al salir de aquí estos «descamisados» se conviertan en «inadaptados sociales»?

—¿No tiene miedo de que se acostumbren a vivir como ricos?

No, no tengo miedo. Por el contrario; yo deseo que se acostumbren a vivir como ricos... que se sientan dignos de vivir en la mayor riqueza... al fin de cuentas todos tienen derecho a ser ricos en esta tierra argentina... y en cualquier parte del mundo.

El mundo tiene riqueza disponible como para que todos los hombres sean ricos.

Cuando se haga justicia no habrá ningún pobre, por lo menos entre quienes no quieren serlo...

¡Por eso soy justicialista...!

Por eso no tengo miedo de que los niños de mis hogares se acostumbren a vivir como ricos, con tal de que conserven el alma que trajeron: ¡alma de pobres, humilde y limpia, sencilla y alegre...!

En lo que las obras son mías es en el sello de indignación ante la injusticia de un siglo amargo para los pobres.

Dicen por eso que soy una «resentida social».

Y tienen razón mis «*supercríticos*». Soy una resentida social. Pero mi resentimiento no es el que ellos creen.

Ellos creen que se llega al resentimiento únicamente

por el camino del odio... Yo he llegado a ese mismo lugar por el camino del amor.

Y no es un juego de palabras. No.

Yo lucho contra todo privilegio de poder o de dinero. Vale decir contra toda oligarquía, no porque la oligarquía me haya tratado mal alguna vez.

...¡Por el contrario! Hasta llegar al lugar que ocupo en el movimiento Peronista yo no le debía más que «atenciones». Incluso algún grupo representativo de damas oligarcas me invitó a integrar sus altos círculos.

Mi «resentimiento social» no me viene de ningún odio. Sino del amor: del amor por mi pueblo cuyo dolor ha abierto para siempre las puertas de mi corazón.

Pero en todo lo demás las obras de la Fundación son «*nuestras*». Y llamándolas nuestras entiendo decir mejor la verdad que llamándolas mías.

Porque la inspiración y el aliento me los dio y me los sigue dando el alma gigantesca de Perón.

Porque el pueblo, todo el pueblo trabajador de mi patria me ayuda con su aporte moral y material para construir todo lo que la Fundación construye.

Y porque todos los argentinos tenemos derecho a gozar de sus beneficios.

Mi ambición sería por ejemplo pasar los últimos años de mi vida en cualquiera de mis «Hogares para Ancianos», y cada vez que los visito me alegro pensando que en ellos me sentiría cómoda y feliz.

Muchas veces el general me ha dicho lo mismo.

¡Es el mejor elogio que he oído decir de mis obras!

XXXVIII

NOCHEBUENA Y NAVIDAD

Hoy es Navidad, Navidad de 1950.

Anoche, en cinco millones de hogares argentinos se brindó con la sidra y se comió el pan dulce de «Perón y Evita».

También esto han criticado violentamente nuestros adversarios.

Nos han dicho que tirábamos migajas sobre la mesa de los argentinos y que comprábamos así la voluntad del pueblo.

Nosotros seguimos haciendo lo mismo de la misma manera, todos los años.

«¿Ladran? ¡Señal de que cabalgamos!»

Pero no son migajas. Yo sé que en vez de una botella de sidra sería mejor una docena de botellas de «champagne»... y en vez de un pan dulce, un canasto lleno de regalos.

No se dan cuenta los mediocres de que nuestra sidra y nuestro pan dulce son nada más que un símbolo de nuestra unión con el pueblo.

Es nuestro corazón (el de Perón y el mío) que quiere reunir en la Nochebuena a todos los corazones descamisados de la patria, en un abrazo inmenso, fraternal y cariñoso.

De alguna manera queremos estar en la mesa familiar de los argentinos.

Hemos elegido esa manera porque nos ha parecido la más cordial y la más digna.

Un regalo, por más rico que sea, a veces ofende.

Pero un recuerdo, cuanto más sencillo parece que lleva más amor.

Esto es lo que queremos llevar a cada hogar argentino con nuestra sidra y nuestro pan dulce.

* * *

Anoche, como todos los años, al promediar la Nochebuena, hablé a los descamisados en un mensaje radial.

Les dije que para mí la Nochebuena les pertenece con derecho de propiedad exclusivo.

La Nochebuena es de los pobres, de los humildes, de los descamisados desde que Cristo, despreciado por los ricos que le cerraron todas las puertas, fue a nacer en un establo... y ¿acaso los ángeles no llamaron a los pastores, a los hombres más humildes y pobres de Belén... y únicamente a ellos le comunicaron la buena nueva que venía a alegrar el mundo?

Únicamente a los pastores, a los humildes, a los pobres les fue anunciada la «paz a los hombres de buena voluntad...».

¿Qué tiene de raro que Perón sólo luche por la felicidad de los descamisados?

¡Los otros, los demás, ya tienen la felicidad que ellos mismos se pueden construir!

* * *

El tema y el día me hacen seguir hablando de Dios y de los pobres.

Muchas veces cuando pienso en mi destino, en la misión que debo cumplir, en la lucha que esa misión me exige, me siento débil.

¡Es tan grande la lucha y son tan pocas mis fuerzas!

En «esos momentos» creo que siento necesidad de Dios...

Yo no lo invoco a Dios a cada rato.

Recuerdo que alguien un día me rogó que fuese más «cristiana», y que invocase más frecuentemente a Dios en mis discursos y en mi actividad pública.

Quiero dejar aquí en estos apuntes la respuesta que le di, porque me he prometido ser sincera en todo... también en esto:

—Es cierto lo que usted dice. Yo no invoco a Dios muy frecuentemente. La verdad es que no lo quiero complicar a Dios en el bochinche «de mis cosas». Además, casi nunca lo molesto a Dios pidiéndole que me recuerde, y nunca reclamo nada para mí. Pero lo quiero a Cristo mucho más de lo que usted cree: yo lo quiero en los descamisados. ¿Acaso no dijo Él que estaría en los pobres, en los enfermos, en los que tuviesen hambre y en los que tuviesen sed?

Yo no creo que Dios necesite que lo tengamos siempre en los labios. Perón me ha enseñado que más vale llevarlo en el corazón. Yo soy cristiana por ser católica, practico mi religión como puedo y creo firmemente que el primer mandamiento es el del amor. El mismo Cristo dijo que...

«nadie ama más que el que da la vida por sus amigos».

Si alguna vez lo molesto a Dios con algún pedido mío es para eso: para que me ayude a dar la vida por mis descamisados.

XXXIX

MIS OBRAS Y LA POLÍTICA

Cuando yo concebí mi obra de ayuda social no pensé ni remotamente que tendría necesidad de hacer todo lo que después me he visto obligada a realizar.

A mí me obligó la necesidad de los pobres.

En esto se diferencia mi obra de la que realizaron las decadentes sociedades de «damas de beneficencia».

Ellas construyeron por necesidad propia: lo que necesitaban era reconciliarse con la propia conciencia cuyo borroso cristianismo les solía recordar, de vez en cuando, que las puertas del cielo son muy estrechas para todos los ricos. ¡Estrechas como el ojo de una aguja!

Las obras de la Fundación en cambio surgen de la necesidad de los descamisados de mi patria.

Las obras de asistencia social que las «damas» construyeron en la vieja Argentina estaban pensadas por gentes que ignoraron siempre lo que es la necesidad de los pobres.

En la Nueva Argentina nuestras obras nacen del conocimiento cada vez más profundo de esa necesidad.

Además, el dinero de nuestras obras viene del mismo pueblo... no es dinero que sobra en el bolsillo de nadie, ¡muchas veces es dinero que llega a mis manos gracias al sacrificio de muchos obreros juntos!

«Aquel» era dinero sobrante, tal vez dinero «robado», porque todo dinero que sobra en un bolsillo siempre es en cierto modo dinero de los demás.

El dinero de mis obras es sagrado, porque es de los mismos descamisados que me lo dan para que lo distribuya lo más equitativamente que pueda.

Por eso, dice Perón que eso es «un milagro único en el mundo».

Yo pienso que ese milagro solamente es posible cuando un pueblo tiene la generosidad de los trabajadores argentinos.

Por eso las obras de la Fundación están distribuidas por todo el país. Un hogar-escuela para niños no sirve para nada si no se completa la obra encadenando a los otros hogares que ahora se levantan en todas las provincias y territorios argentinos.

Lo mismo los hogares de ancianos, los hospitales.

Tampoco la obra de ayuda social puede tener intenciones políticas.

Yo no niego que mis obras ayuden a consolidar el enorme prestigio político del general, pero nunca he subordinado el amor al interés... y menos tratándose del amor de mi pueblo.

Y de esto tengo mil pruebas, muchas de mis obras se levantan en sitios casi desolados donde no hay «votos que ganar».

¿Qué interés político puede tener construir un Hogar en Tierra del Fuego?

Además, Perón ya no necesita más votos. Lo único que yo puedo buscar con mis obras es que *sus votos*

por Perón tengan una razón más: ¡la del agradecimiento!

Y eso, claro está que si puedo conseguirlo, no dejaré
de hacerlo.

XL

LA LECCIÓN EUROPEA

Cuando decidí visitar a Europa me llevaba un afán: ver lo que Europa había realizado en materia de obras sociales.

Yo todavía no me había lanzado sino tímidamente a construir. Quería aprender de la experiencia de las viejas naciones de la Tierra.

Cada vez que se me presentó la ocasión o aun buscándola secreta o públicamente, visité cuanta obra social me fue posible. Hoy, a tres años de aquel viaje cuyas crónicas dejaré para otra vez, puedo ya decir que, salvo algunas excepciones, en aquellas visitas de aprendizaje conocí todo lo que no debía ser en nuestra tierra una obra de ayuda social. Los pueblos y gobiernos que visité me perdonarán esta franqueza mía tan clara, pero tan honrada.

Por otra parte, ellos —pueblo y gobierno— no tienen la culpa. El siglo que precedió a Perón en la Argentina es el mismo siglo que los precedió a ellos.

La única ventaja nuestra es que aquí no hemos tenido la desgracia de sufrir los horrores de dos guerras desastrosas, y en cambio hemos tenido el privilegio de que Dios nos haya dado un conductor de los quilates de Perón.

Aquí ya estamos en pleno día; allá recién empieza a irse la noche.

La obras sociales de Europa son, en su inmensa mayoría, frías y pobres. Muchas obras han sido construidas con criterio de ricos... y el rico, cuando piensa para el pobre, piensa en pobre. Otras, han sido hechas con criterio de Estado; y el Estado sólo construye burocráticamente, vale decir con frialdad, en la que el gran ausente es el amor.

Volviendo de Europa vine pensando que el cristianismo había pasado ya por ella, y que dejaba en toda su extensión grandes y numerosos recuerdos. ¡Pero solamente recuerdos!

Y en el barco que me traía pensé muchas veces en los ideales de Perón... sobre todo en aquel principio inicial de su doctrina que dice: «Nuestra doctrina es profundamente cristiana y humanista.»

Incluso desde el mar escribí al general esas meditaciones de las cuales me permito transcribir algunos párrafos:

«Nuestra doctrina tiene que ser cristiana y humanista pero de un modo nuevo; de una manera que todavía no creo haya conocido el mundo. El cristianismo de nuestro movimiento, tal como sueñas realizarlo, no es el que yo vi en los países de la Europa que visité.

»Yo te ayudaré con mis obras. Desde ya reclamo tu ayuda...»

Más adelante le decía:

«En Europa todo parece historia, nosotros en la Argentina vemos todo como si estuviese por venir. Los europeos en cambio no miran ya para adelante, sino para atrás.

»Mientras ellos me decían por ejemplo: "Vea esta catedral del siglo x", yo pensaba en los hogares-escuela que iniciaré en cuanto llegue a Buenos Aires. Mientras ellos me mostraban un viejo tomo de historia, yo pensaba que nosotros ya estamos en el principio de otro tomo que empieza en nuestra patria... y con tu nombre.»

A tres años de aquellas cartas, me admiro yo misma, viendo cómo lo que entonces soñaba se ha venido realizando.

Sobre todo en las obras construidas, yo veo claramente que aprendí bien la lección de Europa.

En cada una de ellas, yo he querido hacer ver, a los que vengan detrás nuestro, que era verdad luminosa el cristianismo humanista de la doctrina de Perón.

Por eso cada hogar, así sea de «tránsito», de niños o de ancianos, está hecho como si fuese para el más rico y exigente de los hombres.

¿Acaso aquí pueda verse todavía aquella ingenua idea de mi infancia, cuando yo creía que todos eran ricos en el mundo?

Yo creo que al dolor de los que sufren es inhumano agregar otro dolor, por pequeño que sea. Por eso mis hospitales quieren ser alegres: sus paredes decoradas con arte, sin camas blancas, sus ventanales son amplios y sus cortinados hogareños... ¡como para que ningún enfermo se sienta en un hospital!

Cuando una obra se proyecta y se construye siempre elijo un dormitorio cualquiera para mí.

¿Quién podrá afirmar que nunca me veré obligada a alojarme en un hogar de tránsito, o de ancianos, en un hospital?

Si el lugar me satisface entonces me quedo contenta;

la obra podrá habilitarse y nadie se sentirá en ella humillado, ni ofendido en su dignidad.

Mientras escribía estas líneas le he preguntado al general:

—¿Cumplí con la promesa que te hice a mi regreso de Europa, cuando te ofrecí ayudarte para que se realizase en la obra social el cristianismo de tu doctrina?

Su respuesta ha sido demasiado generosa:

—Sin tu ayuda no hubiese podido hacer nada, ¡nos has enseñado a construir con amor!

Esto para mí ya no es un premio sino la misma gloria.

XLI

LA MEDIDA DE MIS OBRAS

Yo no podré quizás describir cómo son las obras de la Fundación en sus formas exteriores, en su arquitectura, en la disposición interna de sus secciones, ni siquiera en el orden de su funcionamiento.

Pero quiero referirme a los detalles que pueden hacer conocer el «espíritu» que he querido darles.

Son detalles tal vez sin importancia aparente.

Se necesita haber sufrido el problema de los pobres para darles importancia.

En mis «hogares» ningún descamisado debe sentirse pobre.

Por eso no hay uniformes denigrantes. Todo debe ser familiar, hogareño, amable: los patios, los comedores, los dormitorios...

He suprimido las mesas corridas y largas, las paredes frías y desnudas, la vajilla de mendigos... todas estas cosas tienen el mismo color y la misma forma que en una casa de familia que vive cómodamente.

Las mesas del comedor tienen manteles alegres y

cordiales, y no pueden faltar las flores; que nunca faltan en cualquier hogar donde haya una madre, o una esposa más o menos cariñosa con los suyos.

Las paredes deben ser también así, familiares y alegres: pinturas agradables y evocadoras, cuadros luminosos...

La vajilla es digna...

Así mis descamisados pueden decirme cuando los visito en mis hogares lo que tantas veces ya les he oído:

—Evita: me siento mejor que en mi casa.

Los niños de mis hogares no usan ninguna clase de uniformes.

Cada uno tiene su ropa del color que le gusta, aunque solamente puede elegir de lo bueno... ¡no vaya a ser que acostumbrados a su pobreza elijan lo peor! Aunque esto es muy raro... ¡El buen gusto es lo último que se pierde en la pobreza!

No he querido que los pibes de los hogares se aíslen del resto del mundo. Por eso los chicos van a las escuelas oficiales, como todos los demás; y mezclados con los niños que tienen padres, y hogar, nadie podrá ya distinguirlos. ¡A no ser que se les distinga por estar mejor vestidos y alimentados que los otros!

Dentro del hogar-escuela los chicos viven con la mayor libertad posible; y más todavía, los ancianos en sus hogares respectivos.

Pueden tener, y si no tienen, les damos algún dinero; que así se sienten más libres.

Cultivamos las inclinaciones naturales de cada uno, sobre todo en lo que se refiere al arte y al trabajo.

En fin, todo es más hogar que escuela.

Los dormitorios son lo menos amplios que se puede... a fin de que los internados no se sientan como en un cuartel.

Y en todas las dependencias de la casa, cortinados alegres y amables que invitan a la felicidad.

Muchos otros detalles dejo de lado porque sería interminable mencionarlos.

Lo mejor será que quienes puedan, vengan y vean...

Todo está abierto a la mirada de los amigos. ¡Y aun de los que no comprenden!

Es mejor que vean. Yo sé que aun así habrá quienes no comprendan. Pero quienes vean con los ojos limpios, sin prejuicios personales, no se irán sin creer que la obra social que realizamos es pura, tiene buena intención, y señala tal vez un nuevo rumbo a la generosidad de los hombres.

Por supuesto que toda mi obra no está hecha según la medida de los hombres comunes... cuya mediocridad es como una telaraña para los ojos.

No es posible olvidar que yo he tratado siempre de pensar y de sentir como piensa y siente Perón.

Y su alma es demasiado grande para ser comprendida por los mediocres.

En mi obra ha quedado sin duda un poco de la grandeza maravillosa de su alma y eso solamente se comprende con generosidad y no con mediocres egoísmos.

Por otra parte, no se olvide quien vea mis obras que ellas han sido construidas más bien según la medida del amor de Perón y de su pueblo... ¡que es un amor sin medida!

XLII

UNA SEMANA DE AMARGURA

También el papel de Evita es a veces amargo. Toda esta semana pasada, por ejemplo, me ha resultado amarga.

Ha habido una huelga y ésta tuvo que ser declarada ilegal por injusta.

Yo sé que malos dirigentes —los viejos dirigentes del anarcosindicalismo y del socialismo y los infiltrados comunistas— han dirigido todo esto.

Sé que la mayor parte del gremio, y que todo el pueblo ha repudiado el proceder de esos ingratos, indignos de vivir en esta Nueva Argentina de Perón.

Sé todo eso y sin embargo toda la semana he vivido amargada. Solamente me consolé cuando decidí salir a recorrer los lugares de trabajo y conversar con los mismos obreros en huelga.

Me acompañaron dos obreros de la Confederación General del Trabajo.

Quise hacer esta salida sin guardias ni escoltas que nunca uso y menos en esta ocasión en que iba a ver qué ocurría con los obreros en huelga.

Iba pues como amiga, y como amiga no podía presentarme ante ellos con miedo. ¡Ni siquiera con precaución!

Ademas creo que el miedo se me ha ido ya definitivamente.

En cada lugar hablé con los obreros. Ellos nunca se imaginaron por supuesto verme llegar, y menos a la hora que llegué: el recorrido duró desde las 12 de la noche hasta las 4 y media de la mañana.

Así pude comprobar que la huelga era inconsulta e injusta desde que los mismos obreros no sabían cuáles eran las razones del paro.

Así pude informarle al presidente toda la verdad, la verdad de la calle que para un gobernante es fundamental si quiere llamarse democrático, es decir gobierno del pueblo y para el pueblo.

No niego que mi emoción fue muy grande, al encontrarme en cada sitio de trabajo con hombres leales y abnegados que estaban dispuestos a todo, antes que hacer lo que ellos presentían como una traición al Líder, único e indiscutido de las masas obreras argentinas.

Pero esa emoción no me pudo quitar la amargura del alma. Es que yo no concibo que pueda haber en mi país un solo obrero que no haya comprendido ya lo que es Perón, y todo lo que ha hecho Perón por los trabajadores argentinos.

Aunque los huelguistas sean muy pocos me duele lo mismo que si fueran todos...

¡No lo puedo entender!

Por eso salí antes de ayer a la calle.

Quería saber si los obreros «sabían» lo que estaban haciendo.

Pero cuando me di cuenta de que no sabían, tampoco me alegré: pensé que aún quedaba mucho por hacer, hasta que la masa obrera argentina tenga plena conciencia de la responsabilidad de su misión histórica, que es nada menos que enseñarle al mundo a vivir feliz, a la sombra del Justicialismo de Perón.

Este capítulo no es un reproche.

Si este libro estuviera dirigido a hacer propaganda tal vez no debiera haber escrito estas páginas un poco tristes.

Pero nosotros —dice siempre Perón— venceremos con la verdad.

No diremos nunca que vivimos sin problemas ni preocupaciones. Eso sería una mentira y nadie nos creería.

No. Tenemos problemas. Tenemos preocupaciones. Sufrimos también nuestras amarguras.

Pero salimos de ellas cada vez más unidos, y cada vez un poco más felices; porque nuestro pueblo no deja de seguirnos con lealtad y con cariño. Por el contrario, cada problema que Perón salva y soluciona, con energía, sin violencias, y consultando siempre de alguna manera al pueblo, nos acerca más a todos los argentinos.

Algún día habrán de convencerse los enemigos del Justicialismo que contra la verdad no pueden hacer nada, porque la verdad siempre se impone, sobre todo si el que defiende la verdad tiene la inteligencia y el corazón de un hombre de los quilates extraordinarios de Perón.

Este capítulo tal vez desentone en la mitad de estos apuntes destinados a explicar mi misión.

Pero quienes quieran conocer bien todo el cuadro que es la vida mía, no sólo deberán ver las luces... También será útil que conozcan los dolores.

Que mi misión en este mundo arrebatado por la gue-

rra, el odio, la angustia y la desesperación, aunque sea
una misión de amor y de justicia, tiene que tener sus
horas amargas.

¡Precisamente por eso!

XLIII

UNA GOTA DE AMOR

Yo sé que mi trabajo de ayuda social no es una solución definitiva de ningún problema.

La solución será solamente justicia social. Cuando cada uno tenga lo que en justicia le corresponde, entonces la ayuda social no será necesaria. Mi mayor aspiración es que algún día nadie me necesite... Me sentiría feliz, inmensamente feliz, si dejaran de llegarme tantos pedidos de auxilio... porque ellos indican que todavía sigue reinando en algún rincón de mi patria, la injusticia de un siglo amargo para los desposeídos.

Yo no me olvido sin embargo de aquello que un día me dijo Perón:

—La justicia no podrá completar su obra en seguida. Pasarán tal vez muchos años.

Sí. Yo sé que hay todavía mucho dolor que ni siquiera he podido atender. Son infinitas las llamadas de auxilio que me llegan, y yo sé que no podré acudir siempre con mi ayuda. A los miles de cartas que me escriben los descamisados de mi patria se agregan ahora todos los días millares, y millares que me mandan con sus pedidos, y sus esperanzas, muchos descamisados del mundo entero.

Es imposible que yo cumpla con todo, por más dinero y por mejor organización que tenga.

Pero... me conformo con demostrar a todos mi buena voluntad. Yo sé que mi obra es como una gota de agua en medio del mar. Mejor dicho: es una gota de amor cayendo sobre un inmenso océano de barro, que es este mundo lleno de odios y de luchas.

Pero es una gota de amor. Yo sé que el mundo necesita una lluvia de justicia. Por eso un día abrazará el Justicialismo de Perón y será feliz.

Mientras tanto yo me conformo con ser simplemente eso: una gota de amor.

Algunas veces me confundo un poco... digo que mi obra de ayuda social es solamente de justicia, y luego siento que en realidad es una obra de amor.

Y tengo razón en los dos casos.

Sí. Es de justicia porque no alcanzo nunca a dar más que lo que pertenece a los descamisados. Estoy pagando lo que les fue quitado durante un siglo de traición y de privilegios oligarcas.

Y es también amor, porque en mi obra está mi corazón, mi pobre corazón de humilde mujer que todo, sí, lo hace por amor.

Por el amor a Perón.

Por el amor de los descamisados de su pueblo... y, ¿por qué no he de decirlo?, de todos los descamisados del mundo.

XLIV

CÓMO ME PAGAN EL PUEBLO Y PERÓN

Pero el amor en mi obra no quiere ser sentimentalismo, que yo siempre creí ridículo y torpe.

En esto no me olvido de que mi obra es de estricta justicia.

Voy a mi trabajo de cada día pensando que voy a un empleo cualquiera, como si me pagasen para hacer lo que hago. Yo no tengo ningún sueldo. No soy funcionario del Gobierno bajo ningún aspecto. Soy libre, absolutamente libre.

Así lo he querido yo. Muchas veces el mismo general ha querido añadirme a su gobierno como colaboradora oficial.

Quiero seguir siendo libre y creo que es lo mejor; para él, para todos y también para mí.

Si yo fuese funcionario dejaría de ser «pueblo», no podría ser lo que soy, ni hacer lo que hago.

Además, yo he sido siempre desordenada en mi manera de hacer las cosas; me gusta el «desorden» como si el desorden fuese mi medio normal de vida. Creo que nací para la Revolución. He vivido siempre en libertad. Como los pájaros, siempre me gustó el aire libre del bosque. Ni siquiera he podido tolerar esa cierta esclavitud que es la vida en la casa paterna, o la vida en el pueblo natal... Muy temprano en mi vida dejé mi hogar y mi pueblo, y desde entonces siempre he sido libre. He querido vivir por mi cuenta y he vivido por mi cuenta.

Por eso no podré ser jamás funcionario, que es atarse a un sistema, encadenarse a la gran máquina del Estado y cumplir allí todos los días una función determinada.

No. Yo quiero seguir siendo pájaro suelto en el bosque inmenso.

Me gusta la libertad como le gusta al pueblo, y en eso como en ninguna otra cosa me reconozco *pueblo*.

Aunque no sea funcionario del Gobierno ni cobre sueldo, sin embargo voy a mi trabajo como si lo fuese, pensando que me pagan para eso.

Y en realidad, no en dinero pero sí en otras cosas que valen más que el dinero me pagan, ¡y vaya si me pagan!

Me paga el pueblo con su cariño.

Ya he dicho que mi trabajo en realidad es pago de una deuda. ¡No me olvidaré nunca del 17 de octubre de 1945!

Aquel día recibí el pago anticipado de todo esto que ahora estoy haciendo.

Anoche, entre mis descamisados, una mujer lloraba agradeciéndome no sé qué cosa.

Me dijo que el 17 de octubre de 1945, ella había estado en la plaza de Mayo.

No sabrá nunca esa pobre mujer los deseos que tuve de hacer con ella lo que ella hizo conmigo: arrodillarme y darle a ella las gracias con mis lágrimas, besándole las manos.

¡Vaya si me pagan!

Me paga también Perón con su cariño y con su confianza.

Yo sé que por culpa de mi trabajo, muchas veces le ocasiono algún disgusto.

Porque llego tarde: casi cuando él se levanta.

Porque cree que voy a enfermarme a raíz de mi desorden en el trabajo.

Porque estoy poco tiempo con él.

Porque a veces creyendo serle útil hago alguna cosa rara que me sale mal.

Pero sabe perdonarme siempre.

Él ha sabido conciliar en mí la «esclavitud» con la libertad.

Como mujer le pertenezco totalmente, soy en cierto modo su «esclava», pero nunca como ahora me he sentido tan libre.

No daría un paso sin saber que él está de acuerdo en que debo darlo; y sin embargo me siento libre como siempre he querido serlo. Ciertamente no sé cuál puede ser la explicación de este raro misterio, pero pienso que con esto tiene mucho que ver la grandeza extraordinaria de su alma.

Un día leí en un libro de León Bloy, acerca de Napoleón, que él no podía concebir el cielo sin su emperador.

A mí me gustó y en un discurso dije que tampoco yo concebía el cielo sin Perón.

Algunos creyeron que eso era casi una herejía.

Sin embargo, cada vez que lo recuerdo me parece más lógico.

Yo sé que Dios llena el cielo por sí mismo.

Pero Dios, que no pudo concebir el cielo sin su madre, a quien tanto quería, me perdonará que mi corazón no lo conciba sin Perón.

XLV

MI GRATITUD

Yo sé que muchos detalles y aun algunos aspectos importantes de mis trabajos de ayuda social no podrán ser conocidos por quien lea estos desordenados apuntes míos.

Quisiera hablar de todo. Pero esto dejaría de ser lo que yo quise que fuera: una simple explicación de lo que a mucha gente le parece inexplicable, y se convertiría en una descripción de cosas que en realidad no se pueden conocer bien si no se las ve.

Por eso yo me permito aquí invitar a los incrédulos a que vean lo que hemos hecho en la Fundación, poniendo en cada esfuerzo, aun en el más pequeño, todo el amor y toda la justicia que nos ha sido posible.

Por supuesto que sólo invito a los incrédulos que tengan buena voluntad... a los incrédulos que quieran creer... porque yo sé que a los otros es inútil mostrarles nada; pertenecen a una raza muy antigua de la humanidad, a la de los que viendo, no creyeron en nada superior a la mediocridad.

¡Para esta clase de gente no tengo «margaritas».....!

Esta parte de mis apuntes, escrita así como es mi trabajo, desordenadamente pero con mucho cariño, no puede callar tampoco una palabra de gratitud.

Cuando pienso un momento en todo lo que tengo que agradecer, me doy cuenta claramente de que yo en mi obra soy... prácticamente nada...

La obra comenzó porque me la inspiró el general y porque la exigían nuestros descamisados.

Sus fondos me los da el pueblo de una o de otra manera.

Para levantar sus construcciones trabajan para mí millares y millares de obreros que rinden como en ningún otro trabajo, y terminan sus obras en tiempos extraordinarios, dirigidos por centenares de técnicos, a quienes hay que imponerles el descanso como una obligación.

En todas partes encuentro corazones abiertos para colaborar conmigo sin ninguna reserva.

Las mujeres que trabajan conmigo, asistentes sociales, visitadoras, enfermeras, no saben lo que es el cansancio ni el sacrificio. Algunas han caído ya en el cumplimiento de su deber, como cuando acudieron al Ecuador llevando ayuda a los hermanos de aquel país afectados por el terremoto.

Los obreros de toda mi patria saben que la Fundación es cosa de ellos y yo sé que muchas veces, con sacrificios que nunca serán bien recompensados por mi obra, me hacen llegar sus aportes generosos.

Yo cuido de esos aportes más que de mi propia vida... y he prometido que la Fundación manejará sus fondos en caja de cristal, a fin de que jamás se empañe con la más leve sombra ese dinero limpio —¡el único dinero limpio que yo conozco!— que viene de las manos honradas de los obreros.

Todo eso tengo que agradecer.

Y aun tengo que darles las gracias a quienes piden y reciben mi ayuda porque a veces deben armarse de paciencia, para verme y aun para escribirme. Lo que yo les doy no es una gracia, lo que yo les doy es el pago de una vieja deuda que la patria tenía con ellos... ¡y, siendo así, no deberían pedirme nada!

Es cierto que yo trato de ir a ellos con mis «células mínimas», pero en la práctica sucede que siempre son más los que reciben porque han pedido, que los que reciben sin pedir.

Tanto a los que reciben la ayuda por haberla solicitado, como a los que la reciben sin pedirla, yo les debo agradecer que se conformen con eso, con tan poca cosa, mientras Perón lucha incansablemente para que nadie tenga ya en esta tierra necesidad de la ayuda social, que aun realizada así como nosotros la hemos querido, con dignidad de justicia, no deja de ser ayuda... ¡Y nosotros pensamos que cuando el mundo sea justicialista, la ayuda social será también un amargo recuerdo!

Todos los hombres tendrán lo suyo.

Un día dije esto mismo en un discurso, y cuando acabé mis palabras, alguien, cerca mío, comentó:

—Tal vez el día que todos tengan lo suyo y desaparezcan obras como la suya... el amor será una cosa olvidada entre los hombres.

Recuerdo haber contestado más o menos esto:

—No. Si ese día llegase alguna vez... yo creo que no llegará nunca en forma total... pero si llegase, entonces el mundo sería un paraíso de amor... y si no vea... aquí, en nuestra tierra, donde los hombres se están haciendo justicialistas, vea cómo el amor triunfa sobre el egoísmo... Perón hizo justicia con los obreros, y vea cómo los obreros me regalan parte de sus jornales y de sus aumentos para que yo ayude a los más sumergidos... Yo estoy segura de que la justicia es algo así como la puerta del amor...

Cuando el mundo sea justicialista reinará el amor... y reinará la paz.

Esto me lo enseñó Perón.

Fue tal vez su primera enseñanza.

Yo me pregunto muchas veces por qué la humanidad no querrá aprender también esa lección maravillosa... y me dan ganar de salir por el mundo a predicar el Justicialismo de Perón. De todas maneras, nadie pensará que tengo aspiraciones de «emperatriz»... aunque muchos, los mediocres, los hombres comunes, los eternos incrédulos, dirán que me ha poseído una rara forma de locura.

Pero... ya los «cuerdos» han hecho demasiado en la historia. Y... por lo visto no nos han dado un mundo muy agradable que digamos.

Tal vez haya llegado el turno de los «idealistas».

¡Sería interesante que la humanidad nos diese una ocasión!

XLVI

UN IDEALISTA

Más idealista que yo, infinitamente más que yo, es el mismo Perón.

El idealismo mío es... el que yo aprendí de él en sus lecciones.

Más bien fui yo siempre demasiado práctica.

El idealismo de Perón en cambio es puro como es todo en él.

Yo a veces lo comparo... es decir quiero compararlo con alguien que se le parezca.

Con Perón he leído las *Vidas paralelas* de Plutarco.

Al general Perón le gusta la vida de Alejandro. Yo pensé que de todas las vidas paralelas, sería tal vez por eso mismo, porque a él le gusta, la más aproximada a Perón en grandeza y en virtud.

Por eso leí la vida de Alejandro con más pasión que todas las demás.

Después, entusiasmada por la lectura de las grandes vidas, he leído muchas otras biografías célebres.

Quedará tal vez mal que yo diga francamente la verdad... pero debo decir lo que siento... lo que siento es muy fácil de decir aunque no todos me crean ahora... en este momento, aunque me creerán después, tal vez mucho tiempo después de que nos hayamos ido: Perón no se parece a ningún genio militar ni político de la historia.

Los genios militares y políticos que consiguieron un poco de gloria y que iluminaron un siglo... ganaron sus laureles con dolor y sacrificio del pueblo. Yo no pretendo desmerecerlos para nada, pero ¡cuántas vidas costó la gloria de Alejandro! ¡Y cuánta sangre del pueblo costó la gloria de Napoleón!

Además nadie, absolutamente nadie en la historia, ha recibido de un pueblo tanto cariño delirante y fanático como el que recibe Perón... y si alguien lo ha recibido, nadie ha sabido utilizarlo mejor que él, por la misma felicidad del pueblo.

Yo creo que Perón se parece más bien a otra clase de genios, a los que crearon nuevas filosofías o nuevas religiones.

No he de cometer la herejía de compararlo con Cristo... pero estoy segura de que, imitándolo a Cristo, Perón siente un profundo amor por la humanidad y que eso más que ninguna otra cosa lo hace grande, magníficamente grande.

Pero es grande también porque él ha sabido darle forma práctica a su amor creando una doctrina para que los hombres sean felices, y realizándola en nuestra tierra.

Yo dije que el general Perón es idealista, profundamente idealista. Pero es genial también, y por eso su idealismo no es quijotesco, idealismo de escritorio o de soñador.

Es idealismo humano, natural y realista.

Yo no sé cómo él sabe armonizar todas estas cosas. Lo veo a veces concebir una idea que me parece estar demasiado cerca de las nubes para ser realizada... y después veo cómo esa misma idea va tomando formas... y poco a poco sus manos maravillosas la van convirtiendo en una magnífica realidad. Es idealista y práctico a la vez. Por eso yo creo firmemente que es un genio y que este siglo será iluminado por él. Lo veo marchar en medio de un mundo sin fe y sin esperanzas y me parece en algunos momentos que él es la única cosa de la tierra en la que todavía se puede tener un poco de fe y un poco de esperanza.

Entre los que lean esto sé que muchos sonreirán incrédulamente... Otros pensarán que es propaganda y darán vuelta la página o cerrarán el libro... pero algunos quedarán pensando que tal vez sea verdad lo que yo digo.

Pensarán que, en estos momentos tan tristes y tan difíciles para el hombre, el mundo se presenta como un inmenso campo de batalla: dos pequeñas minorías imperialistas, armadas como nunca lo ha estado ninguna nación de la historia, se disputan el derecho de mandar sobre una inmensa humanidad que está entre dos fuegos, sin saber qué hacer... no quiere ser comunista, ni quiere vivir en el viejo y fracasado mundo capitalista.

Y... nadie, sino Perón, le dice a esa humanidad una palabra distinta...

Nadie más que Perón le muestra a la humanidad un nuevo camino, dándole una nueva esperanza. La humanidad cree que todo le ha salido mal y que ya no hay ninguna solución para sus males. Incluso cree que el mismo cristianismo ha fracasado... y Perón le dice francamente:

—No. Lo que ha fracasado no es el cristianismo. Son

los hombres los que han fallado aplicándolo mal. El cristianismo no ha sido todavía bien probado por los hombres porque nunca el mundo fue justo... El cristianismo será verdad cuando reine el amor entre los hombres y entre los pueblos; pero el amor llegará solamente cuando los hombres y los pueblos sean justicialistas.

* * *

Sí. Esto es tal vez demasiado idealismo.

Pero... al mundo le hace falta una esperanza... ¡Y una esperanza siempre es así: una idea lejana... que misteriosamente Dios convierte en realidad!

TERCERA PARTE

LAS MUJERES
Y MI MISIÓN

XLVII

LAS MUJERES Y MI MISIÓN

Mi trabajo en el movimiento femenino nació y creció, lo mismo que mi obra de ayuda social y que mi actividad sindical: poco a poco y más bien por fuerza de las circunstancias que por decisión mía.

No será esto lo que muchos se imaginan que ocurrió... pero es la verdad.

Más romántico o más poético o más literario y novelesco sería que yo dijese por ejemplo que todo lo que hago ahora lo intuía... como una vocación o como un destino especial.

¡Pero no es así!

Lo único que traje al campo de estas luchas como preparación fueron *sentimientos* como aquellos que me hacían pensar en el problema de los pobres y de los ricos.

Pero nada más.

Nunca imaginé que me iba a tocar algún día encabezar un movimiento femenino en mi país y menos aún un movimiento político.

Las circunstancias me abrieron el camino.

¡Ah! Pero yo no me quedé en mi cómodo lugar de Eva Perón. Camino que se abrió ante mis ojos fue camino que tomé, si andar por él podía ayudar un poco a la causa de Perón, que es la causa del pueblo.

Yo me imagino que muchas otras mujeres han visto antes que yo los caminos que recorro.

La única diferencia entre ellas y yo es que ellas se quedaron y yo me largué. En realidad yo debo confesar que si me animé a la lucha no fue por mí sino por él... ¡Por Perón!

Él me animó a subir.

¡Me sacó de la «bandada de gorriones»!

Me enseñó los primeros pasos de todas mis andanzas.

Después, no me faltó nunca el estímulo poderoso y extraordinario de su amor.

Reconozco, ante todo, que empecé trabajando en el movimiento femenino porque así lo exigía la causa de Perón.

Todo comenzó poco a poco.

Cuando me di cuenta presidía ya un movimiento político femenino... y, sobre la marcha, tuve que aceptar la conducción espiritual de las mujeres de mi patria.

Esto me exigió meditar los problemas de la mujer. Y más que meditarlos, me exigió sentirlos y sentirlos a la luz de la Doctrina con la que Perón empezaba a construir una Nueva Argentina.

Recuerdo con qué extraordinario cariño de amigo y de maestro fue el general Perón mostrándome los infinitos problemas de la mujer en mi patria y en el mundo.

En esas conversaciones advertí una vez más lo genial de su figura.

Millones de hombres han pasado como él frente al problema cada vez más agudo de la mujer en la humanidad de este siglo angustiado, y creo que muy pocos se han detenido y lo han penetrado como él, como Perón, hasta lo más íntimo.

Él me enseño en esto, como en todas las cosas, el camino.

Las feministas del mundo dirán que empezar así un movimiento femenino es poco femenino... ¡empezar reconociendo en cierto modo la superioridad de un hombre!

No me interesa sin embargo la crítica.

Además, reconocer la superioridad de Perón es una cosa distinta.

¡Además... me he propuesto escribir la verdad!

XLVIII

EL PASO DE LO SUBLIME
A LO RIDÍCULO

Confieso que el día que me vi ante la posibilidad del camino «feminista» me dio un poco de miedo.

¿Qué podía hacer yo, humilde mujer del pueblo, allí donde otras mujeres, más preparadas que yo, habían fracasado rotundamente?

¿Caer en el ridículo? ¿Integrar el núcleo de mujeres resentidas con la mujer y con el hombre, como ha ocurrido con innumerables líderes feministas?

Ni era soltera entrada en años, ni era tan fea por otra parte como para ocupar un puesto así... que, por lo general, en el mundo, desde las feministas inglesas hasta aquí, pertenece, casi con exclusivo derecho, a las mujeres de ese tipo... mujeres cuya primera vocación debió ser indudablemente la de hombres.

¡Y así orientaron los movimientos que ellas condujeron!

Parecían estar dominadas por el despecho de no haber nacido hombres, más que por el orgullo de ser mujeres.

Creían incluso que era una desgracia ser mujeres... Resentidas con las mujeres porque no querían dejar de serlo y resentidas con los hombres porque no las dejaban ser como ellos, las «feministas», la inmensa mayoría de las feministas del mundo en cuanto me es conocido, constituían una rara especie de mujer... ¡que no me pareció nunca del todo mujer!

Y yo no me sentía muy dispuesta a parecerme a ellas.

Un día el general me dio la explicación que yo necesitaba.

«¿No ves que ellas han errado el camino? Quieren ser hombres. Es como si para salvar a los obreros yo los hubiese querido hacer oligarcas. Me hubiese quedado sin obreros. Y creo que no hubiese conseguido mejorar en nada a la oligarquía. No ves que esa clase de "feministas" reniega de la mujer. Algunas ni siquiera se pintan... porque eso, según ellas, es propio de mujeres. ¿No ves que quieren ser hombres? Y si lo que necesita el mundo es un movimiento político y social de mujeres... ¡qué poco va a ganar el mundo si las mujeres quieren salvarlo imitándonos a los hombres! Nosotros ya hemos hecho solos demasiadas cosas raras y hemos embrollado todo de tal manera, que no sé si se podrá arreglar de nuevo el mundo. Tal vez la mujer pueda salvarnos a condición de que no nos imite.»

Yo recuerdo bien aquella lección del general.

Nunca me pareció tan claro y tan luminoso su pensamiento.

Eso era lo que yo sentía.

Sentía que el movimiento femenino en mi país y en todo el mundo tenía que cumplir una misión sublime... y todo cuanto yo conocía del feminismo me parecía ridículo. Es que, no conducido por mujeres sino por «eso» que aspirando a ser hombre, dejaba de ser mujer ¡y no era nada!, el feminismo había dado el paso que va de lo sublime a lo ridículo.

¡Y ése es el paso que trato de no dar jamás!

XLIX

QUISIERA MOSTRARLES UN CAMINO

Lo primero que tuve que hacer en el movimiento femenino de mi patria fue resolver el viejo problema de los derechos políticos de la mujer.

Durante un siglo —el siglo oscuro y doloroso de la oligarquía egoísta y vendepatria— políticos de todos los partidos prometieron muchas veces dar el voto a la mujer. Promesas que nunca cumplieron, como todas las que ellos hicieron al pueblo.

Tal vez fue eso una suerte.

Si las mujeres hubiésemos empezado a votar en los tiempos de la oligarquía, el desengaño hubiese sido demasiado grande... ¡Tan grande como el engaño mismo de aquellas elecciones en las que todo desmán, todo fraude y toda mentira eran normales!

Mejor que no hayamos tenido entonces ningún derecho. Ahora tenemos una ventaja sobre los hombres: ¡No hemos sido burladas...! ¡No hemos entrado en ninguna rara confabulación política! No nos ha manoseado todavía la lucha de ambiciones... Y, sobre todo, nacemos a la vida cívica bajo la bandera de Perón, cuyas elecciones son modelo de pureza y honradez, tal como lo reconocen incluso sus más enconados adversarios, que sólo se rinden a la verdad cuando no es posible inventar ya una sola mentira.

Hoy la mujer argentina puede votar y... yo no voy a repetir la frase de un político que al ofrecer a sus conciudadanos una ley electoral dijo demasiado solemnemente:

«¡Sepa el pueblo votar!»

No. Yo creo que el pueblo siempre supo votar. Lo malo es que no siempre le fue posible votar. Con la mujer sucede lo mismo.

Y sabrá votar. Aunque no es fundamental en el movimiento femenino, el voto es su instrumento poderoso y con él las mujeres del mundo tenemos que conquistar todos nuestros derechos... o mejor dicho el gran derecho de ser simplemente *mujeres* y poder cumplir así, en forma total y absoluta, la misión que como mujeres debemos cumplir en la humanidad.

Lo que yo creo que no podemos olvidar jamás es una cosa que siempre repite Perón a los hombres...: que el voto, vale decir la «política», no es un fin sino un medio...

Yo creo que los hombres, en su gran mayoría, sobre todo en los viejos partidos políticos, no entendieron nunca bien esto. Por eso fracasaron siempre. Nuestro destino de mujeres depende de que no hagamos lo mismo.

Pero... yo no quiero detenerme tanto en este asunto de los derechos políticos de la mujer.

Más que eso me interesa ahora la mujer misma.

Siento que necesita salvarse.

Yo quisiera mostrarle un camino.

L

EL HOGAR O LA FÁBRICA

Todos los días millares de mujeres abandonan el campo femenino y empiezan a vivir como hombres.

Trabajan casi como ellos. Prefieren, como ellos, la calle a la casa. No se resignan a ser ni madres, ni esposas.

Sustituyen al hombre en todas partes.

¿Eso es «feminismo»? Yo pienso que debe ser más bien masculinización de nuestro sexo.

Y me pregunto si todo este cambio ha solucionado nuestro problema.

Pero no. Todos los males antiguos siguen en pie y aun aparecen otros nuevos. Cada día es mayor el número de mujeres jóvenes convencidas de que el peor negocio para ellas es formar un hogar.

Y sin embargo para eso nacimos.

Allí está nuestro más grave problema.

Nos sentimos nacidas para el hogar y el hogar nos resulta demasiada carga para nuestros hombros.

Renunciamos al hogar entonces... salimos a la calle en busca de una solución... sentimos que la solución es independizarnos económicamente y trabajamos en cualquier parte... pero ese trabajo nos iguala a los hombres y... ¡no!, no somos como ellos... ellos pueden vivir solos... nosotras no... nosotras sentimos necesidad de compañía, de una compañía total... sentimos necesidad de darnos más que de recibir... ¡No podemos trabajar nada más que para ganar un sueldo como los hombres!

Y por otra parte, si renunciamos al trabajo que nos independiza para formar un hogar... quemamos allí mismo nuestras naves definitivamente.

Ninguna profesión en el mundo tiene menos posibilidades de retorno como nuestra profesión de mujeres.

Aun si nos elige un hombre bueno... nuestro hogar no siempre será lo que hemos soñado cuando solteras.

En las puertas del hogar termina la nación entera y comienzan otras leyes y otros derechos... la ley y el derecho del hombre... que muchas veces sólo es un amo y a veces también... dictador.

Y allí nadie puede intervenir.

La madre de familia está al margen de todas las previsiones. Es el único trabajador del mundo que no conoce salario, ni garantía de respeto, ni límite de jornadas, ni domingo, ni vacaciones, ni descanso alguno, ni indemnización por despido, ni huelgas de ninguna clase... Todo eso —así lo hemos aprendido desde «chicas»— pertenece a la esfera del amor... ¡y lo malo es que el amor muchas veces desaparece pronto en el hogar... y entonces, todo pasa a ser «trabajo forzado»... obligaciones sin ningún derecho...! ¡Servicio gratuito a cambio de dolor y sacrificios!

Yo no digo que siempre sea así. No tendría yo derecho a decir nada, desde que mi hogar es feliz... si no viera todos los días el dolor de tantas mujeres que viven así... sin ningún horizonte, sin ningún derecho, sin ninguna esperanza.

Por eso cada día hay menos mujeres para formar hogares...

¡Hogares verdaderos, unidos y felices! Y cada día el mundo necesita en realidad más hogares y, para eso, más mujeres dispuestas a cumplir bien su destino y su misión. Por eso el primer objetivo de un movimiento femenino que quiera hacer bien a la mujer... que no aspire a cambiarlas en hombres, debe ser el hogar.

Nacimos para constituir hogares. No para la calle. La solución nos la está indicando el sentido común. ¡Tenemos que tener en el hogar lo que salimos a buscar en la calle: nuestra pequeña independencia económica... que nos libere de llegar a ser pobres mujeres sin ningún horizonte, sin ningún derecho y sin ninguna esperanza!

LI

UNA IDEA

Porque en realidad con las mujeres debe suceder lo mismo que con los hombres, las familias y las naciones: mientras no son económicamente libres, nadie les asigna ningún derecho.

Me imagino que mucha gente verá en esta opinión mía, muy personal y muy mía, un concepto demasiado materialista.

Y no es así. Yo creo en los valores espirituales. Por otra parte, eso es lo que nos enseña la doctrina justicialista de Perón. Por eso mismo, porque creo en el espíritu, considero que es urgente conciliar en la mujer su necesidad de ser esposa y madre con esa otra necesidad de derechos que como persona humana digna lleva también en lo más íntimo de su corazón.

Y un principio de solución pienso yo que será aquella pequeña independencia económica de la que he hablado.

Si no le hallamos una solución a nuestro dilema, pronto sucederá en el mundo una cosa inconcebible:

sólo aceptarán constituir un hogar verdadero (no medio hogar o medio matrimonio) las mujeres menos capaces... las que no encuentren fuera del matrimonio y del hogar otra solución «económica» que sustente sus derechos mínimos.

Descenderá entonces la jerarquía de madre de familia al nivel de lo ridículo. Se dirá —y ya se está diciendo— que sólo las tontas queman las naves casándose, creando un hogar, cargándose de hijos.

¡Y eso no puede suceder en el mundo!

Son los valores morales los que han quebrado en esta actualidad desastrosa: y no serán los hombres quienes los restituyan a su antiguo prestigio... y no serán tampoco las mujeres masculinizadas. No. ¡Serán otra vez las madres!

Esto no sé cómo probarlo, pero lo siento como una verdad absoluta.

Pero ¿cómo conciliar todas las cosas?

Para mí sería muy sencillo y no sé si por demasiado sencillo me parece demasiado fácil y a lo mejor... impracticable; aunque muchas veces he visto cómo las cosas que todos estiman demasiado simples son la clave del éxito, el secreto de la victoria.

Pienso que habría que empezar por señalar para cada mujer que se casa una asignación mensual desde el día de su matrimonio.

Un sueldo que pague a las madres toda la nación y que provenga de los ingresos de todos los que trabajan en el país, incluidas las mujeres.

Nadie dirá que no es justo que paguemos un trabajo que, aunque no se vea, requiere cada día el esfuerzo de millones y millones de mujeres cuyo tiempo, cuya vida se gasta en esa monótona pero pesada tarea de limpiar la casa, cuidar la ropa, servir la mesa, criar los hijos, etc.

Aquella asignación podría ser inicialmente la mitad del salario medio nacional y así la mujer ama de casa, señora del hogar, tendría un ingreso propio ajeno a la voluntad del hombre.

Luego podrían añadirse a ese sueldo básico los aumentos por cada hijo, mejoras en caso de viudez, pérdida por ingreso a las filas del trabajo, en una palabra todas las modalidades que se consideren útiles a fin de que no se desvirtúen los propósitos iniciales.

Yo solamente lanzo la idea. Será necesario darle forma y convertirla, si conviene, en realidad.

* * *

Yo sé que para nosotras, las mujeres de mi patria, el problema no es grave ni urgente.

Por eso no quiero llevar todavía esta idea al terreno de las realizaciones. Será mejor que la idea sea meditada por todas. Cuando llegue el momento la idea estará madura.

La solución que yo aporto es para que no se sienta menos la mujer que funda un hogar que la mujer que gana su vida en una fábrica o en una oficina.

Pero no es toda la solución del viejo problema. Hay que añadir a ella una mejor utilización del progreso y de la técnica al servicio del hogar.

Y es necesario elevar la cultura general de la mujer para que todo eso: independencia económica y progreso técnico sepa usarlo en beneficio de sus derechos y de su libertad sin que pierda de vista su maravillosa condición de mujer; lo único que no puede y que no debe perder jamás si no quiere perderlo todo.

Todo esto me recuerda un poco aquello que fue el

programa básico de Perón en su lucha por la liberación de los obreros.

Él decía que era menester elevar la cultura social, dignificar el trabajo y humanizar el capital.

Yo, imitándolo siempre, me permito decir que para salvar a la mujer y por lo tanto al hogar es necesario también elevar la cultura femenina, dignificar el trabajo y humanizar su economía dándole cierta independencia material mínima.

* * *

Solamente así, la mujer podrá prepararse para ser esposa y madre tal como se prepara para ser una dactilógrafa...

Así se salvarán muchas mujeres de la delincuencia y la prostitución, que son frutos de su esclavitud económica.

Así se salvará el hogar del desprestigio y le dará verdadera jerarquía de piedra fundamental de la humanidad.

Sé que mi solución es más bien una puerta que un camino. Veo que es todavía poco lo que ella significa y que es incompleta. Creo que es necesario hacer mucho más todavía que eso.

Porque no se trata de devolver al hogar un prestigio que nunca tuvo sino de darle el que nunca conoció.

* * *

Yo he tenido que crear muchos institutos donde se cuida a los niños, queriendo sustituir una cosa que es insustituible: una madre y un hogar. Pero sueño siempre con el día en que no sean ya necesarios... cuando la mujer sea lo que debe ser: reina y señora de una familia digna, libre de toda necesidad económica apremiante.

Para que ese día llegue es necesario que el movimiento femenino de cada país y del mundo entero se una en el esfuerzo que tiende a realizar el gran objetivo; y que el justicialismo sea una realidad en todas partes. De nada nos valdría un movimiento femenino organizado en un mundo sin justicia social.

Sería como un gran movimiento obrero en un mundo sin trabajo. ¡No serviría para nada!

LII

LA GRAN AUSENCIA

Yo creo que el movimiento femenino organizado como fuerza en cada país y en todo el mundo debe hacerle y le haría un gran bien a toda la humanidad.

No sé en dónde he leído alguna vez que en este mundo nuestro, el gran ausente es el amor.

Yo, aunque sea un poco de plagio, diré más bien que el mundo actual padece de una gran ausencia: la de la mujer.

Todo, absolutamente todo en este mundo contemporáneo, ha sido hecho según la medida del hombre.

Nosotras estamos ausentes en los gobiernos.

Estamos ausentes en los Parlamentos.

En las organizaciones internacionales.

No estamos ni en el Vaticano ni en el Kremlin.

Ni en los estados mayores de los imperialismos.

Ni en las «comisiones de la energía atómica».

Ni en los grandes consorcios.

Ni en la masonería, ni en las sociedades secretas.

No estamos en ninguno de los grandes centros que constituyen un poder en el mundo.

Y sin embargo estuvimos siempre en la hora de la agonía y en todas las horas amargas de la humanidad.

Parece como si nuestra vocación no fuese sustancialmente la de crear sino la del sacrificio.

Nuestro símbolo debería ser el de la madre de Cristo al pie de la Cruz.

Y sin embargo nuestra más alta misión no es ésa sino crear.

Yo no me explico pues por qué no estamos allí donde se quiere crear la felicidad del hombre.

¿Acaso no tenemos con el hombre un destino común? ¿Acaso no debemos hacer juntos la felicidad de la familia?

Tal vez por no habernos invitado a sus grandes organizaciones sociales el hombre ha fracasado y no ha podido hacer feliz a la humanidad.

* * *

El hombre ha creado, para solucionar los graves problemas del mundo, una serie casi infinita de doctrinas.

Ha creado una doctrina para cada siglo.

Y luego de probarla, vencido, ha intentado otra y así sucesivamente.

Se ha apasionado por cada doctrina como si fuese definitiva solución. Le ha importado más la doctrina que el hombre y que la humanidad.

Y eso se explica: el hombre no tiene una cuestión *personal* con la humanidad como nosotras.

Para el hombre la humanidad es un problema social, económico y político.

Para nosotras, la humanidad es un problema de creación... como que cada mujer y cada hombre representa nuestro dolor y nuestro sacrificio.

El hombre acepta demasiado fácilmente la destrucción de otro hombre o de una mujer, de un anciano o de un niño.

¡No sabe lo que cuesta crearlos!

¡Nosotras sí!

Por eso nosotras, mujeres de toda la Tierra, tenemos, además de nuestra vocación creadora, otra, de conservación instintiva: la sublime vocación de la paz.

No quiero decir con esto que debamos preferir la paz a todo.

No. Sabemos que hay causas mayores que la paz, pero son menos para nosotras que para los hombres.

No entendemos que pueda hacerse la guerra por un imperialismo, menos por un predominio económico, no comprendemos la guerra en son de conquista.

Aunque sabemos, sí, que hay guerras de justicia, pensamos que hasta hoy en el mundo todavía los hombres no han peleado sino muy poco por aquella justicia.

Cuando el hombre nos dé un lugar en sus decisiones trascendentales habrá llegado la hora de hacer valer nuestra opinión tal vez menos del cerebro que del corazón.

Pero ¿acaso no es nuestro corazón el que debe sufrir las consecuencias de los errores «cerebrales» del hombre?

Yo no desprecio al hombre ni desprecio su inteligencia, pero si en muchos lugares del mundo hemos creado juntos hogares felices, ¿por qué no podemos hacer juntos una humanidad feliz?

Ése debe ser nuestro objetivo.

Nada más que ganar el derecho de crear, junto al hombre, una humanidad mejor.

LIII

EL PARTIDO PERONISTA FEMENINO

El partido femenino que yo dirijo en mi país está vinculado lógicamente al Movimiento Peronista pero es independiente como partido del que integran los hombres.

Esto lo he dispuesto precisamente para que las mujeres no se masculinicen en su afán político.

Así como los obreros sólo pudieron salvarse por sí mismos y así como siempre he dicho, repitiéndolo a Perón, que «solamente los humildes salvarán a los humildes», también pienso que únicamente las mujeres serán la salvación de las mujeres.

Allí está la causa de mi decisión de organizar el partido femenino fuera de la organización política de los hombres peronistas.

Nos une totalmente el Líder, único e indiscutido para todos.

Nos unen los grandes objetivos de la doctrina y del Movimiento Peronista.

Pero nos separa una sola cosa: nosotras tenemos un objetivo nuestro, que es redimir a la mujer.

Ese objetivo está en la doctrina justicialista de Perón pero nos toca a nosotras, mujeres, alcanzarlo.

Para ello incluso deberemos ganar previamente la colaboración efectiva de los hombres.

En esto soy optimista. Los hombres del peronismo que nos dieron el derecho de votar, no han de quedarse ahora atrás...

* * *

La organización del partido femenino ha sido para mí una de las empresas más difíciles que me ha tocado realizar.

Sin ningún precedente en el país —creo que ésta ha sido mi suerte— y sin otro recurso que mucho corazón puesto al servicio de una gran causa, llamé un día a un grupo pequeño de mujeres.

Eran apenas treinta.

Todas muy jóvenes. Yo las había conocido como colaboradoras mías infatigables en la ayuda social, como fervientes peronistas de todas las horas, como fanáticas de la causa de Perón.

Tenía que exigirles grandes sacrificios: abandonar el hogar, el trabajo, dejar prácticamente una vida para empezar otra distinta, intensa y dura.

Para eso necesitaba mujeres así, infatigables, fervientes, fanáticas.

Era indispensable ante todo «censar» a todas las mujeres que a lo largo y a lo ancho del país sentían nuestra fe peroniana.

Esa empresa requería mujeres intrépidas dispuestas a trabajar día y noche.

De aquellas treinta mujeres sin otra ambición que la

de servir a la causa justicialista sólo muy pocas me fallaron...

Quiere decir que eligiéndolas por su amor a la causa más que por otras razones, elegí bien.

* * *

Todas están hoy todavía trabajando como el primer día. Me encanta seguir desde cerca la marcha de todo el movimiento. Lo importante es que conservan intacto el sello femenino que yo quise infundirles.

Esto me acarreó algunas dificultades iniciales.

En zonas apartadas del país hubo algunos «caudillos» políticos —muy pocos felizmente quedan ya en el Movimiento Peronista; la mayoría está en los viejos partidos opositores— que creyeron hacer del movimiento femenino cosa propia que debía responder a sus directivas e insinuaciones.

Mis «muchachas» se portaron magníficamente cuidando la independencia de criterio y de acción.

En eso me di cuenta de que mis largas conversaciones con aquel primer grupo inicial habían sido bien aprendidas.

Y que el movimiento femenino en su actividad política nacía bien y empezaba a marchar solo.

Hoy, en todo el país, miles y miles de mujeres trabajan activamente en la organización.

Con la plenipotencia que me otorgó la Primera Asamblea Nacional, yo puedo dirigir libremente todos los trabajos de la organización.

Eso me cuesta muchas horas de paciente trabajo, de reuniones, de conversaciones personales con las delegadas censistas, algunos disgustos, muchas dificultades, pero todo se compensa con la alegría que tengo cuando, en las fechas nuestras, puedo llegar al Líder con mis mujeres para darle cuenta de nuestros progresos y de nuestras victorias.

* * *

Los centros políticos del partido femenino se llaman «unidades básicas».

En esto hemos querido imitar a los hombres.

Pero mucho me temo que nuestras unidades básicas estén más cerca de lo que Perón soñó que fueran cuando las aconsejó como elementos fundamentales de la organización política de los hombres.

El general quiso que los hombres de su partido político no constituyesen ya los antiguos y desprestigiados «comités» que, en las organizaciones políticas oligárquicas que soportó el país, eran antros de vicio que cada elección abría en todos los barrios y en todos los pueblos.

Perón quiso que los nuestros —los centros políticos del peronismo— fuesen focos de cultura y de acción útil para los argentinos.

Mis centros, mis unidades básicas cumplen aquel deseo de Perón.

En las unidades se organizan bibliotecas, se dan conferencias culturales, y sin que yo lo haya establecido expresamente, pronto se han convertido en centros de ayuda y de acción social.

Los «descamisados» no distinguen todavía lo que es la organización política que yo presido de lo que es mi Fundación...

Las unidades básicas son para ellos algo de «Evita».

Y allí van buscando lo que esperan que pueda darles Evita.

Ellos mismos, mis descamisados, son los que han creado en mis unidades básicas una nueva función: informar a la Fundación acerca de las necesidades de los humildes de todo el país. La Fundación atiende estos pedidos haciéndoles llegar directamente su ayuda.

Esto me ha sido duramente criticado. Mis eternos supercríticos consideran que así yo utilizo mi Fundación con finalidades políticas...

¡Y... tal vez tengan razón! Lo que al final aparece como consecuencia de mi trabajo es de repercusión política... la gente ve, en mi obra, la mano de Perón que llega hasta el último rincón de mi patria y eso no les puede gustar a sus enemigos

Pero... ¿puedo yo desoír el clamor de los humildes, cualquiera sea el conducto por el cual me llegue?

Si alguna vez los partidos que se oponen a Perón me enviasen algún pedido de algún descamisado también la Fundación acudiría allí donde fuese necesario.

¿Acaso alguna vez la Fundación ha preguntado el nombre, la raza, la religión o el partido de alguien para ayudarlo?

Pero estoy segura de que ningún oligarca me hará jamás un pedido semejante.

¡Ellos no nacieron para pedir...!

¡Y menos para pedir por el dolor de los humildes...!

Para ellos eso es melodrama... melodrama de la «chusma» que ellos despreciaron «desde sus balcones» con el insulto que es nuestra gloria: «¡descamisados!».

LIV

NO IMPORTA QUE LADREN

No importa que ladren.

Cada vez que ellos ladran nosotros triunfamos. ¡Lo malo sería que nos aplaudiesen! En esto muchas veces se ve todavía que algunos de los nuestros conservan viejos prejuicios.

Suelen decir por ejemplo:

—¡Hasta la «oposición» estuvo de acuerdo!

No se dan cuenta de que aquí, en nuestro país, decir «oposición» significa todavía decir «oligarquía»... Y eso vale como si dijésemos «enemigos el pueblo».

Si ellos están de acuerdo, ¡cuidado!, con eso no debe estar de acuerdo el pueblo.

Desearía que cada peronista se grabase este concepto en lo más íntimo del alma; porque eso es fundamental para el movimiento.

¡Nada de la oligarquía puede ser bueno!

No digo que no puede haber algún «oligarca» que haga alguna cosa buena. Es difícil que eso ocurra, pero si ocurriera creo que sería por equivocación. ¡Convendría avisarle que se está haciendo peronista!

Y conste que cuando hablo de oligarquía me refiero a todos los que en 1946 se opusieron a Perón: conservadores, radicales, socialistas y comunistas. Todos votaron por la Argentina del viejo régimen oligárquico, entregador y vendepatria.

De ese pecado no se redimirán jamás.

* * *

Mucha gente del extranjero no entiende a veces que Perón sea tan absoluto en su decisión irrevocable de trabajar con su propio partido y que ataque siempre y aun a veces duramente a sus adversarios.

Acostumbrados a la política de «colaboración» (?) que en otros países es casi una costumbre, no se entiende nuestra división rotunda y terminante.

Muchos ignoran cuántas veces Perón invitó a sus enemigos a colaborar honradamente.

Yo sé que los llamó sinceramente.

Pero yo también sé que los llamó sin ninguna esperanza.

Él los conoce antes que yo y aún más que yo.

Son incapaces para la generosidad. No piensan más que en sí mismos.

La patria para ellos fue siempre un nombre: ¡el nombre de una mercadería que se vende al que pague más!

Por eso el general gobierna como si ellos no existiesen. Si se acuerda de ellos y los ataca es solamente para que el pueblo no se olvide que siempre son los mismos que en 1946 se entregaron a un embajador extranjero.

Por suerte para los argentinos, pertenecen a una raza de hombres que se acabará en este siglo... con la generación que ellos componen.

¡No los querrán recordar ni siquiera sus hijos!

LV

LAS MUJERES Y LA ACCIÓN

Yo creo firmemente que la mujer —al revés de lo que es opinión común entre los hombres— vive mejor en la acción que en la inactividad.

Lo veo todos los días en mi trabajo de acción política y de acción social.

La razón es muy simple: el hombre puede vivir exclusivamente para sí mismo. La mujer, no.

Si una mujer vive para sí misma, yo creo que no es mujer o no puede decirse que viva... Por eso le tengo miedo a la «masculinización» de las mujeres.

Cuando llegan a eso, entonces se hacen egoístas aún más que los hombres, porque las mujeres llevamos las cosas más a la tremenda que los hombres.

Un hombre de acción es el que triunfa sobre los demás. Una mujer de acción es la que triunfa para los demás... ¿no es ésta una gran diferencia?

La felicidad de una mujer no es su felicidad sino la de otros.

Por eso cuando yo pensé en mi movimiento femenino no quise sacar a la mujer de lo que es tan suyo. En política, los hombres buscan su propio triunfo.

Las mujeres, si hiciesen eso, dejarían de ser mujeres.

Yo he querido que, en el partido femenino, las mujeres no se buscasen a sí mismas..., que allí mismo sirviesen a los demás en alguna forma fraternal y generosa.

El problema de la mujer es siempre en todas partes el hondo y fundamental problema del hogar.

Es su gran destino. Su irremediable destino.

Necesita tener un hogar; cuando no pueda construirlo con su carne lo hará con su alma, ¡o no es mujer!

Bueno, por eso mismo yo he querido que mi partido sea un hogar... que cada unidad básica sea algo así como una familia... con sus grandes amores y sus pequeñas desavenencias, con su fecundidad excelsa y su laboriosidad interminable.

Sé que en muchas partes lo he conseguido ya.

¡Sobre todo donde las mujeres que he designado son más mujeres...!

* * *

Más que una acción política, el movimiento femenino tiene que desenvolver una acción social. ¡Precisamente porque la acción social es algo que las mujeres llevamos en la sangre!

Servir a otros es nuestro destino y nuestra vocación y eso es acción social...

No aquello otro de «vida social»... ¡que eso es todo lo contrario de la acción...!

225

LVI

LA VIDA SOCIAL

¿Puedo decir dos palabras sobre la «vida social»?
¡Peores cosas he dicho ya en mi vida!

Creo, como que hay sol, que la «vida social», así como la sociedad aristocrática y burguesa que la vive son dos cosas que se van. ¡Este siglo acabará con ellas!

Nunca entendí a las mujeres de esa clase de vivir vacío y fácil... ni creo que ellas entiendan jamás lo que es otra clase de vida.

Ellas pertenecen a otra raza de mujeres. Decir que se acercan a los hombres sería un insulto que los hombres no se merecen.

El hombre y la mujer, aun siendo distintos, viven para algo... Tienen un objetivo en sus vidas y, a su manera, cada uno lo cumple como mejor le parece.

La «mujer de sociedad» no es así, porque la vida social no tiene objetivos... Llena de apariencias, de pequeñeces, de mediocridades y de mentiras, todo consiste en representar bien un papel tonto y ridículo.

En el teatro, por lo menos, se representa algo que

existió alguna vez... o que puede existir. En el teatro, el artista sabe que es alguien... En la vida social, las mujeres son artistas representando ¿qué?, ¡nada, absolutamente nada! Nunca envidié ni quise a «esa» clase de artistas.

Pero las comprendo: lo que ocurre es muy fácil de entender. Es muy difícil llenar una vida cuando no se tiene un objetivo. Entonces hay que acortar los días y las noches con ese conjunto de cosas menores y sin importancia que componen la «vida social».

Y una vez que se acostumbran a eso todo lo demás les parece incluso ridículo y extravagante.

¡A los gorriones les debe parecer así el vuelo de los cóndores!

A esa clase de mujeres no se les puede hablar de nada grande y distinto. El hogar es, para ellas, lo secundario: el sacrificio de todo eso que es la «vida social» con sus fiestas y sus reuniones, el bridge, el hipódromo, etc. Es como si hubiesen nacido para todas estas cosas y no para servir de puente a la humanidad. No saben que la humanidad pasa de un siglo a otro a través de nuestro cuerpo y de nuestra alma, y que para eso es necesario que nosotras construyamos cada una un hogar.

¡Ah, no! Eso ellas no lo entienden.

Tampoco entienden el dolor de los humildes.

Cuando les llega alguna noticia de ese gran dolor humano, suelen lagrimear un poco... ¡pero el lagrimeo termina en una fiesta de beneficencia! Esta clase de mujeres sabe, sin embargo, en lo íntimo de su corazón, que esa vida que viven no es real... ¡No es la verdadera vida!

* * *

Dicen que en la «vida social» se aprecia la cultura de un pueblo. Yo me rebelo y me indigno ante esa afirmación estúpida.

Sí, yo sé que es muy de gente «bien» decirse culta... y es muy de «buena sociedad» recibir en su seno a intelectuales, pensadores, escritores, poetas, artistas, etc.

Ésta es una función hospitalaria, protectora y atrayente... y es muy comprensible que los intelectuales se sientan atraídos y halagados por el lujo material y las atenciones de la «buena sociedad».

No se dan cuenta de que por lo general ellos representan allí un papel tonto y ridículo: son «animadores» de una pieza teatral que en sí misma no tiene recursos para divertir a nadie.

Y en eso reside la cultura de la «vida social».

LVII

LA MUJER QUE NO FUE ELOGIADA

Por eso tal vez, escritores y poetas han hablado mucho de las mujeres bellas y elegantes... y han cantado a la mujer viendo solamente a esa clase de mujeres cuya femineidad es discutible.

A esa «mujer» han visto solamente. Por eso escritores y poetas no han dicho la auténtica verdad acerca de la mujer.

La mujer no es eso. No es vacía, ligera, superficial y vanidosa. No es lo que ellos han escrito: egoísta, fatal y romántica.

No. No es como ellos la pintaron: charlatana y envidiosa.

Ellos la vieron así porque no supieron ver nunca a la mujer auténtica que, por ser precisamente auténtica, se refugia silenciosa en los hogares del pueblo, donde la humanidad se hace eterna.

Esa mujer no ha sido aclamada por los intelectuales.

No tiene historia. No ofrece recepciones. No juega al bridge.

No fuma. No va al hipódromo.

Es la heroína que nadie conoce. Ni siquiera su marido. ¡Ni siquiera sus hijos!

De ella no se dirá nunca nada elegante, nada ingenioso.

A lo sumo, después de muerta, sus hijos dirán:

—Ahora nos damos cuenta de lo que ella era para nosotros.

Y ese lamento tardío será su único elogio.

Por eso he querido decir todas estas cosas. Así, yo le rindo mi homenaje, ¡el mejor homenaje de mi corazón!, a la mujer auténtica que vive en el pueblo y que va creando, todos los días, un poco de pueblo.

Es ella la que constituye el gran objetivo de mis afanes.

Yo sé que ella, solamente ella, tiene en sus manos el porvenir del pueblo. No será tanto en las escuelas sino en los hogares donde se ha de formar la nueva humanidad que quiere el Justicialismo de Perón.

Por eso me preocupa que la mujer auténtica del pueblo se capacite en todo sentido... porque la escuela es como esos talleres que pintan cuadros en serie... pero el hogar es un taller de artista donde cada cuadro es un poco de su alma y de su vida.

Allí se forman los hombres y mujeres excepcionales.

La nueva edad justicialista que nosotros iniciamos necesita muchos hombres y mujeres así.

Y por más esfuerzos que hagamos no los podremos ofrecer a la humanidad si no los crean, para nosotros, mujeres del auténtico pueblo, enamoradas de la causa de Perón; pero fervorosamente instruidas y capacitadas.

Por eso mismo yo creo que vale más capacitar, instruir y educar a una mujer que a un hombre. ¡Ha llegado el momento de dar más jerarquía al milagro por el cual todos los días las mujeres creamos en cierto modo el destino del mundo!

Y con más razón ahora, que los hombres han perdido la fe... Nosotras nunca perdemos la fe. Y bien sabemos que, cuando todo se pierde, todo puede salvarse si se conserva un poco, aunque sea un poco, de fe.

LVIII

COMO CUALQUIER OTRA MUJER

Lo que quise decir todo está dicho ya.

Soy nada más que una humilde mujer de un pueblo grande... ¡como son todos los pueblos de la Tierra!

Una mujer como hay millones y millones en el mundo. Dios me eligió a mí de entre tantas y me puso en este lugar, junto al Líder de un mundo nuevo: Perón.

¿Por qué fui yo la elegida y no otra?

No lo sé.

Pero lo que hice y lo que hago es lo que hubiese hecho en mi lugar cualquiera de las infinitas mujeres que en este pueblo nuestro o en cualquier pueblo del mundo saben cumplir su destino de mujer, silenciosamente, en la fecunda soledad de los hogares.

Yo me siento nada más que la humilde representante de todas las mujeres del pueblo.

Me siento, como ellas, al frente de un hogar, mucho más grande es cierto que el que ellas han creado, pero al fin de cuentas hogar: el gran hogar venturoso de esta patria mía que conduce Perón hacia sus más altos destinos.

¡Gracias a él, el «hogar» que al principio fue pobre y desmantelado, es ahora justo, libre y soberano!

¡Todo lo hizo él!

Sus manos maravillosas convirtieron cada esperanza de nuestro pueblo en un millar de realidades.

Ahora vivimos felices, con esa felicidad de los hogares, salpicada de trabajos y aun de amarguras... que son algo así como el marco de la felicidad.

En este gran hogar de la patria yo soy lo que una mujer en cualquiera de los infinitos hogares de mi pueblo.

Como ella soy al fin de cuentas mujer.

Me gustan las mismas cosas que a ella: joyas y pieles, vestidos y zapatos... pero, como ella, prefiero que todos, en la casa, estén mejor que yo. Como ella, como todas ellas, quisiera ser libre para pasear y divertirme... pero me atan, como a ellas, los deberes de la casa que nadie tiene obligación de cumplir en mi lugar.

Como todas ellas me levanto temprano pensando en mi marido y en mis hijos... y pensando en ellos me paso andando todo el día y una buena parte de la noche... Cuando me acuesto, cansada, se me van los sueños en proyectos maravillosos y trato de dormirme «antes de que se me rompa el cántaro».

Como todas ellas me despierto sobresaltada por el ruido más insignificante porque, como todas ellas, yo también tengo miedo...

Como ellas me gusta aparecer siempre sonriente y atractiva ante mi marido y ante mis hijos, siempre serena y fuerte para infundirles fe y esperanza... y como a ellas, a mí también a veces me vencen los obstáculos ¡y como ellas, me encierro a llorar y lloro!

Como todas ellas prefiero a los hijos más pequeños y más débiles... y quiero más a los que menos tienen... Como para todas las mujeres de todos los hogares de mi pueblo mis días jubilosos son aquellos en que todos los hijos rodean al jefe de la casa, cariñosos y alegres.

Como ellas, yo sé lo que los hijos de esta casa grande que es la patria necesitan de mí y de mi marido... y trato de hacer que lo consigan.

Me gusta, como a ellas, preparar sorpresas agradables y gozarme después con la sorpresa de mi esposo y de mis hijos...

Como ellas, oculto mis disgustos y mis contrariedades, y muchas veces aparezco alegre y feliz ante los míos cubriendo con una sonrisa y con mis palabras las penas que sangran en mi corazón.

Oigo como ellas, como todas las madres de todos los hogares de mi pueblo, los consejos de las visitas y de los amigos: «Pero ¿por qué se toma las cosas tan en serio?». «¡No se preocupe tanto!» «Diviértase un poco más. ¿Para qué quiere si no tantas cosas bonitas que tienen sus guardarropas?»

Es que como a ellas a mí también me gusta más lucirme ante los míos que ante los extraños y por eso me pongo mis mejores adornos para atender a los descamisados.

Muchas veces pienso, como ellas, salir de vacaciones, viajar, conocer el mundo... pero en la puerta de casa me detiene un pensamiento: «Si yo me voy, ¿quién hará mi trabajo?» ¡Y me quedo!

¡Es que me siento verdaderamente madre de mi pueblo!

Y creo honradamente que lo soy.

¿Acaso no sufro con él? ¿Acaso no gozo con sus alegrías? ¿Acaso no me duele su dolor? ¿Acaso no se levanta mi sangre cuando lo insultan o cuando lo denigran?

Mis amores son sus amores.

Por eso ahora lo quiero a Perón de una manera distinta, como no lo quise antes: antes lo quise por él mismo... ¡ahora lo quiero también porque mi pueblo lo quiere!

Por todo eso, porque me siento una de las tantas mujeres que en el pueblo construyen la felicidad de sus hogares, y porque yo he alcanzado esa felicidad, la quiero para todas y cada una de aquellas mujeres de mi pueblo...

Quiero que sean tan felices en el hogar de ellas como yo lo soy en este hogar mío tan grande que es mi patria.

Quiero que cuando el destino vuelva a elegir mujer para esta cumbre del hogar nacional, cualquier mujer de mi pueblo pueda cumplir, mejor que yo, esta misión que yo cumplo lo mejor que puedo.

Quiero hacer hasta el último día de mi vida la gran tarea de abrir horizontes y caminos a mis descamisados, a mis obreros, a mis mujeres...

Yo sé que, como cualquier mujer del pueblo, tengo más fuerzas de las que aparento tener y más salud de la que creen los médicos que tengo.

Como ella, como todas ellas, yo estoy dispuesta a seguir luchando para que mi gran hogar sea siempre feliz.

¡No aspiro a ningún honor que no sea esa felicidad!

Ésa es mi vocación y mi destino.

Ésa es mi misión.

Como una mujer cualquiera de mi pueblo quiero cumplirla bien y hasta el fin. Tal vez un día, cuando yo me vaya definitivamente, alguien dirá de mí lo que muchos hijos suelen decir, en el pueblo, de sus madres cuando se van, también definitivamente.

—¡Ahora recién nos damos cuenta de que nos amaba tanto!

LIX

NO ME ARREPIENTO

Creo que ya he escrito demasiado.

Yo solamente quería explicarme y pienso que tal vez no lo haya conseguido si no a medias.

Pero seguir escribiendo sería inútil. Quien no me haya comprendido hasta aquí, quien no me haya «sentido», no me sentirá ya aun cuando siguiera estos apuntes por mil páginas más.

Aquí veo ahora a mi lado verdaderas pilas de papel fatigado por mi letra grande... y creo que ha llegado el momento de terminar.

Leo las primeras páginas... y voy repasando todo lo que he escrito.

Sé que muchas cosas tal vez no debiera haberlas dicho... Si alguna vez se leen por curiosidad histórica no me harán estas páginas un favor muy grande: la gente dirá por ejemplo que fui demasiado cruel con los enemigos de Perón.

Pero... no he escrito esto para la historia.

Todo ha sido hecho para este presente extraordinario y maravilloso que me toca vivir: para mi pueblo y para todas las almas del mundo que sientan, de cerca o de lejos, que está por llegar un día nuevo para la humanidad: el día del Justicialismo.

Yo solamente he querido anunciarlo con mis buenas o malas palabras... con las mismas palabras con que lo anuncio todos los días a los hombres y a las mujeres de mi propio pueblo.

No me arrepiento por ninguna de las palabras que he escrito. ¡Tendrían que borrarse primero en el alma de mi pueblo que me las oyó tantas veces y que por eso me brindó su cariño inigualable!

¡Un cariño que vale más que mi vida!

OTROS ESCRITOS

Desde 1946 hasta su muerte en 1952 Evita dirigió discursos a multitudes desde los balcones de la Casa Rosada o ante grandes delegaciones de obreros y empleados, o mujeres, en Buenos Aires y el interior del país. Su intención era apoyar la política de gobierno del general Perón. Estos discursos ponen en evidencia dos momentos: al principio fue la intermediaria, la intérprete, «el puente tendido entre el pueblo y Perón»; luego, aunque nunca dejó de invocar a Perón en sus discursos, la relación de Evita con sus descamisados ya no estuvo mediada por el líder, ella se transformó en la interlocutora directa del pueblo, única e irreemplazable. Su estilo combativo, su origen humilde, la coherencia entre sus palabras y acciones le ganaron un lugar de privilegio en los corazones de millones de argentinos. Esa comunicación con el pueblo no fue mágica, fue excepcional en la historia; a través de estos fragmentos de sus discursos podemos entrever cuánto dio y cuánto más estaba dispuesta a dar.

1946

La mujer del presidente de la República, que os habla, no es más que una argentina más, la compañera Evita, que está luchando por la reivindicación de millones de mujeres injustamente pospuestas en aquello de mayor valor en toda conciencia: la voluntad de elegir, la voluntad de vigilar, desde el sagrado recinto del hogar, la marcha maravillosa de su propio país. Ésta debe ser nuestra meta.

Yo considero, amigas mías, que ha llegado el momento de unirnos en esta fase distinta de nuestra actividad cotidiana. Me lo indica diariamente la inquietud de vuestros pensamientos y la ansiedad que noto cada vez que cruzamos dos palabras. La mujer argentina debe ser escuchada, porque la mujer argentina supo ser aceptada en la acción. Se está en deuda con ella. Es forzoso establecer, pues, esa igualdad de derechos, ya que se pidió y obtuvo, casi espontáneamente, esa igualdad en los deberes.

La mujer argentina ha superado el período de las tutorías civiles. Aquella que se volcó en la plaza de Mayo el 17 de octubre; aquella que hizo oír su voz en la fábrica, en la oficina y en la escuela; aquella que, día a día, trabaja junto al hombre en toda gama de actividades de una comunidad dinámica, no puede ser solamente la espectadora de los movimientos políticos. La mujer debe afirmar su acción. La mujer debe votar. La mujer, resorte moral de un hogar, debe ocupar el sitio en el complejo engranaje social de un pueblo. Lo pide una necesidad nueva de organizarse en grupos más extendidos y remozados.

El voto femenino será el arma que hará de nuestros hogares el recaudo supremo e inviolable de una conducta pública. El voto femenino será la primera apelación y la última. No es sólo necesario elegir, sino también determinar el alcance de esa elección. En los hogares argentinos de mañana, la mujer, con su agudo sentido intuitivo, estará velando por su país al velar por su familia. Su voto será el escudo de su fe. Su voto será el testimonio vivo de una esperanza en un futuro mejor.

14-IV-46

Siento verdadera emoción en anunciar que mañana quedarán habilitados, en todo el país, más de cuatro mil comedores escolares instalados en las escuelitas del interior, a fin de que los niños que a ellas concurren para aprender las primeras letras reciban una abundante alimentación, científicamente preparada. Estos cuatro mil comedores escolares beneficiarán a quinientos mil niños, a quienes también mi obra de Ayuda Social hará llegar nuevamente equipos de ropa, calzado, medicamentos necesarios para atender su salud, golosinas y juguetes, de modo que esas criaturas, que tienen aún visión imprecisa de las cosas, no recojan por herencia la amargura que provocan las necesidades.

27-XI-46

Del coronel Perón no soy yo la más indicada para hablar porque soy su mujer. Pero, aun siéndolo, como peronista puedo decir sinceramente que, para mí, es el abanderado de la justicia social. Yo, que estoy siempre a su lado, sé de sus desvelos de hombre que lucha y sufre por lograr la felicidad de su pueblo.

22-XII-46

Adhiero a la idea del general Perón de que la política no debe entrar en los gremios. Modestamente, yo estoy trabajando como simple soldado del movimiento peronista, pero lo hago de corazón, en bien de los descamisados que tanto quiere el general Perón y por los que constantemente se desvela desde la Casa Rosada.

Y ya que el presidente ha hablado de la política en los gremios, yo diré que mi política en la Secretaría de Trabajo no es la de aquellos que, enarbolando la bandera peronista, pretenden explotar a la masa trabajadora. Sé que hay ciertos señores a quienes molesta mi actuación en favor de los obreros, pero yo persistiré en ella porque la esposa del presidente no entiende de política de círculos; su única política es la del general Perón, que es la que tiende a beneficiar a todos los argentinos.

Por eso, en todas las reuniones yo les recomiendo que no canten más himno que el Himno Nacional, que no tengan otra bandera que la nuestra y que no vitoreen a mariscales extranjeros, sino el nombre del general Perón.

24-XII-46

Detesté la postura y preferí el sentimiento. Escondí toda vanidad y me puse a su lado, que fue estar al lado del país en su entraña más digna y respetable. Vuestra Navidad es la del general y la mía. Vuestro gozo es el nuestro. Vuestra alegría es mi propia alegría.

Experimenté un algo vivo, práctico, ansioso de vida y de calor. Un algo que fuese, diariamente, la razón de cada uno de mis actos. Un mandato imperativo de ayudar al que sufre. De asistir al caído. De acuciar al vencido. De alentar al bienintencionado y al digno. Un mandato de humanizar lo que la vida pone de inhumano en sus encrucijadas.

1947

7-II-47

¡Qué vienen a predicar teorías foráneas en nuestro medio, cuando saben todos perfectamente que al frente de la Secretaría de Trabajo y Previsión se encuentra un hombre que antes del 4 de junio estaba en el taller, que conoce el sacrificio del trabajo y sabe interpretar mejor que nadie las necesidades de la clase trabajadora!

12-II-47

He aprendido en el dolor de cada día, que es la escuela de los sencillos. Conozco la crudeza de esperar. Sé de la angustia de ver pospuesta una aspiración; y la certidumbre de poder abarcar ahora todo aquello que veía remoto e inaccesible que hace ser modesta ante las cosas. Como mujer, siento en el alma la cálida ternura del pueblo de donde vine y a quien me debo. Lo inerte se ha resuelto, en esta forma, en lo vital, en lo humano, en la resolución de miles de pequeños problemas que angustian a miles de hermanos. El drama diario es mi propio drama, puesto que lo comparto con todos. La alegría cotidiana o el problema son, asimismo, míos, de la compañera Evita, de una mujer de sensibilidad sin resonancia, ubicada allí donde los vaivenes de la suerte del pueblo la reclaman...

...El voto femenino, la facultad de elegir y vigilar desde la trinchera hogareña el desarrollo de esa voluntad expresada mediante el sufragio, se ha convertido más que en una aspiración, en una exigencia impostergable. La mujer puede y debe condicionar su propia conciencia a la conciencia de la comunidad, de la que forma parte activa y vital.

¡Mujer...! Allí donde vivas junto a tu hombre y tu hijo; allí donde concibas y trabajes; allí, en la mesa familiar o en el patio o en la gran cocina patriarcal de la chacra; allí, donde al final han de afluir las noticias de los diarios, el reclamo de la radio o el repertorio de novedades del vecindario, allí mismo, en el centro del país, que es tu hogar, y en el centro del hogar que eres tú misma, es donde está la realización final del programa de redención política y social argentina que Perón inició hace tiempo para el aumento del bienestar de los tuyos.

14-II-47

Meditemos que el fracaso social de nuestra escuela es debido a que no educa, no forma y no moraliza. Se limita a instruir. De ahí la necesidad de su transformación y la ayuda indispensable de la enseñanza religiosa para formar hombres y mujeres cuya responsabilidad de conducta contribuya a la paz social, juntamente con una mayor justicia social. Esto sólo puede lograrse con la buena voluntad de la educación cristiana, fraternal y solidaria en lo privado y lo público, y jamás con el individualismo ateo y materialista.

15-II-47

En mi labor diaria de buena voluntad y de humilde colaboradora en la Secretaría de Trabajo y Previsión, vivo las impresiones sensitivas más diversas, algunas de emotividad superior a mis posibilidades receptivas para el dolor humano. Pero debo confesar que, si todos los problemas de injusticia social y de dolor despiertan en mí la rebeldía y la voluntad de hacer justicia, el problema de la niñez es, por excelencia, el de mi mayor atención y máximo cariño. El dolor de los niños no lo justifico en ningún sentido, y medito que, en ese orden de asistencia social, la Revolución tiene a su cargo uno de los problemas trascendentales que demandan justicia sin pérdida de tiempo.

La obra de justicia social iniciada por nuestro presidente desde la Secretaría de Trabajo y Previsión es, a poco que meditemos, una de las soluciones más beneficiosas de estos últimos tiempos en favor de la niñez necesitada y abandonada de nuestro país.

Porque varios son los factores que intervinieron en la formación de ese inhumano estado de la niñez: la mala situación económica, los salarios antivitales, la desocupación, el trabajo de las madres fuera del hogar, la deficiente alimentación, la mala vivienda y el medio ambiente cultural inexistente son hechos de verdadera deshumanización del individuo que la obra revolucionaria ha desterrado para siempre de los anales del dolor del pueblo argentino...

...La religión responde a las más hondas inquietudes del alma infantil y a los más angustiosos problemas humanos. Lo certifica un eminente opositor al catolicismo, Jean Jaurés, dirigiéndose a su hijo, cuando le manifestaba que «la religión está íntimamente unida a todas las manifestaciones de la inteligencia humana; es la base de nuestra civilización y es ponerse fuera del mundo intelectual y condenarse a una inferioridad manifiesta el no querer una ciencia que han estudiado y que poseen, en nuestros días, tantas inteligencias preclaras». Y terminaba aconsejando a su hijo, que no quería estudiar religión por influencias del medio ambiente, que «para ser un joven bien educado es preciso conocer y practicar las leyes de la Iglesia».

Ninguna de las Constituciones dictadas por nuestros antepasados ha excluido la religión católica romana, porque en su fe, en su amor, están involucradas las normas de convivencia que permiten a la humanidad toda vivir en paz, en concordia, sin barbarie y con civilización.

19-II-47

El derecho femenino no consiste tan sólo en depositar la boleta en la urna. Consiste esencialmente en elevar a la mujer a la categoría de verdadera orientadora de la conciencia nacional. Cuenta Plutarco que en Esparta, durante el gobierno de Licurgo, se formó la escuela de las grandes mujeres lacedemonias. Ellas comprendieron y aprendieron la importancia que para el Estado tiene la mujer: educa al niño y forma al hombre. De grandes mujeres sólo pueden salir grandes hombres...

...La misión sagrada que tiene la mujer, no sólo consiste en dar hijos a la patria, sino hombres a la humanidad. Hombres en el sentido cabal y caballeresco de la hombría, que es cuna del sacrificio cotidiano para soportar las contrariedades de la vida y base del valor que inspira los actos sublimes del heroísmo cuando la patria los reclama. Hombres formados en las costumbres cristianas, que han hecho fuerte a nuestra estirpe, y sensibles a la emoción de nuestros criollísimos sentimientos. Hombres austeros que forjan su vida al calor del hogar, donde siempre palpita un corazón de mujer.

26-II-47

Cuando hablamos del hogar argentino y de la mujer como símbolo de ese hogar, estamos hablando de la mujer cristiana y del hogar asentado sobre esta base de moral tradicional. De hecho, para legitimar nuestra aspiración de que toda mujer vote, podríamos agregar que toda mujer debe votar conforme con su sentido religioso, vale decir, ajustándose a una clara y alta medida de su deber de madre, de esposa, de hija, para con los seres que viven junto a ella, dentro de un cuadro de cristiana equidad, de estricta justicia, de limpia aspiración de mejoramiento espiritual, de generoso impulso solidario, de atento y minucioso ordenamiento mental. La mujer —que es responsable de la educación familiar y el eje de una estructura hogareña orientada en los santos y eternos principios del cristianismo— no podrá equivocarse jamás ante las urnas, donde está el destino ulterior de su patria. La mujer —que está dando en su voto el matiz de su honradez de conciencia— no podrá equivocarse en su destino político si viene de un hogar sometido a la inflexible ley moral de Cristo...

...Hemos sentido que nos hemos equivocado en cuanto hemos construido sobre el ateísmo extranjerizante, filtrado en nuestra legislación o instalado por sorpresa sobre nuestras instituciones básicas, entre ellas la de la educación.

Creo que no puede hablarse en nuestra tierra de un hogar argentino que no sea un hogar cristiano. Bajo la Cruz hemos concebido. Bajo la Cruz hemos recitado el abecé y hemos contado el ábaco. Bajo la Cruz hemos cruzado las manos en la postrera invocación. Todo aquello que en nuestras costumbres pueda destacarse, es cristiano y es católico. De Norte a Sur, de Este a Oeste, empresas guerreras, empresas políticas, empresas espirituales, han sido preparadas y asentadas sobre la Cruz, como cuadra en una raza templada en el ejercicio de las mejores virtudes. Vivo o escondido, el sentimiento de lo religioso ha prevalecido, en suprema instancia, sobre todo otro motivo reflejo de ética no argentina.

27-II-47

Vosotras mismas, espontáneamente, con esa cálida ternura que distingue a las camaradas de una misma lucha, me habéis dado un nombre de lucha: Evita. Prefiero ser solamente Evita a ser la esposa del presidente, si ese «Evita» es pronunciado para remediar algo, en cualquier hogar de mi patria...

...No se podía ser la mujer del presidente de los argentinos dejando de ser la mujer del Primer Trabajador argentino. No se podía llegar al encumbrado e inútil sitial de esposa del general Perón olvidando el puesto —de tesón y de lucha— de esposa del antiguo coronel Perón, el defensor de los descamisados. Me lo hubieran permitido el protocolo, las costumbres del país, la línea del menor esfuerzo, la inercia, la vanidad, la satisfacción, el prurito de ignorar estando arriba aquello que está abajo, fuera de la pupila. Nadie me hubiera recriminado ser solamente la esposa del general Perón, confundiendo mis deberes de sociabilidad con mis deberes sociales. Pero me lo hubiese impedido el corazón.

12-III-47

Fue la calle, el 17 de octubre, lo que certificó que la mujer argentina representa también una opinión nacional digna de ser tenida en cuenta. La mujer, con magnífico impulso, se colocó de pronto en la trayectoria de su mejor derecho: en el de influir en los destinos de la patria. Tú misma, la que aquella madrugada arrojaste el delantal de la fábrica para empuñar el cartelón de la revuelta callejera, decidiste el valor nuevo y perentorio de tu sexo. Tu voluntad fue la voluntad de miles de compañeras indóciles. Tu convicción fue la convicción de tu hogar, salvado por la revolución del pueblo. Tu pensamiento recóndito, expresado en gritería desordenada, mostró al país que la «descamisada» en marcha era desde entonces la dueña de su propio destino. Tú rompiste el tutelaje social a que sometieron a tu clase. Tú triunfaste, como Perón...

...Ha llegado la hora de la mujer que comparte una causa pública y ha muerto la hora de la mujer como valor inerte y numérico dentro de la sociedad. Ha llegado la hora de la mujer que piensa, juzga, rechaza o acepta, y ha muerto la hora de la mujer que asiste, atada e impotente, a la caprichosa elaboración política de los destinos de su país, que es, en definitiva, el destino de su hogar. Ha llegado la hora de la mujer argentina, íntegramente mujer en el goce paralelo de deberes y derechos comunes a todo ser humano que trabaja, y ha muerto la hora de la mujer compañera ocasional y colaboradora ínfima. Ha llegado, en síntesis, la hora de la mujer argentina redimida del tutelaje social, y ha muerto la hora de la mujer relegada a la más precaria tangencia con el verdadero mundo dinámico de la vida moderna.

Ella sabe que las lágrimas nacen en definitiva de un mal gobierno y que su deber está en precaverse de un mal gobierno influyendo directamente en las elecciones de su pueblo.

Tu voto, mujer, no será más que la renovación ritual de tu sacrificio espontáneo del 17 de octubre. Tienes el deber de preocuparte por la estructura moral y política de tu patria. Tienes el derecho de exigirlo. El sufragio femenino —aparte de tu reconocimiento como entidad viva, actuante— será siempre el testimonio de un agradecimiento hacia la obra que tú contribuiste a afianzar. Perón confió en ti, y tú debes confiar en Perón. Tendrás el voto para certificar tu voluntad cívica, así como tuviste voz para expresar tu anhelo social de mejoramiento y tu esperanza en el hombre que hizo posible una Argentina nueva.

14-III-47

Trabajemos por la paz, que libre a los pueblos de las amenazas y de las agresiones y nos permita cerrar las

Evita en uno de sus escasos momentos de tranquilidad y descanso en la quinta de San Vicente. 1949.

«Prefiero ser Evita a ser la mujer del presidente de la República, si ese Evita sirve de algo a los descamisados de mi patria.»

Eva Duarte, 1944, con un vestido de noche.

«Quería no ver, no darme cuenta, no mirar la desgracia, el infortunio, la miseria, pero más quería olvidarme y más rodeaba la injusticia.»

Evita en los balcones de la casa de gobierno el Primero de mayo de 1952. Sería su último discurso.

Gente humilde con un altar portátil se dirige hacia el policlínico Presidente Perón donde Evita se encontraba internada después de haber sido operada. Noviembre de 1951.

Eva Perón en 1950. Esta foto fue tomada por Augusto Vallmitjana a las 4 de la madrugada en el ex Concejo Deliberante donde atendía a quienes le iban a pedir ayuda.

«Mi mayor aspiración es que algún día nadie me necesite.»

Evita se retira del ex Concejo Deliberante al finalizar la jornada. El reloj de la torre marca las cinco menos veinte de la madrugada.

«Yo sé que mi obra es como una gota de agua en medio del mar. Mejor dicho es una gota de amor cayendo sobre un inmenso océano de barro, que es este mundo lleno de odios y de luchas.»

Evita y el general
Perón saludan desde
los balcones de la
Casa Rosada. 17 de
octubre de 1950.

Evita y Perón son
saludados por
obreros portuarios
en Puerto Madero,
tras asistir a la
botadura de un
barco de la Flota
Dodero. Julio de
1950.

«Una gran mujer ha muerto. La santa de los pobres ha sucumbido. La humanidad ha sufrido una gran pérdida. Compartimos con los argentinos la dolorosa pérdida.» (*Daily Star*, Beirut, Líbano, 3 de agosto de 1952.)

La cureña que transporta los restos de Evita es llevada por hombres y mujeres de la Confederación General del Trabajo. 10 de agosto de 1952.

Eva Perón habla en el Cabildo Abierto del Justicialismo. 22 de agosto de 1951.

«Yo no renuncio a mi puesto de lucha,
yo renuncio a los honores.»

heridas abiertas por contiendas indefinibles; por el afianzamiento de esa paz, para impedir que la guerra castigue a la humanidad con nuevos sufrimientos.

Trabajemos por una paz que refirme la fe en los derechos fundamentales de los seres humanos, que desarme los espíritus de odios y prevenciones, sin discriminaciones de raza, sexo, idioma o religión.

Trabajemos por la conquista de un futuro mejor, basado en el amor y no en el odio, en que se anhele construir y no destruir, y que, por sobre todas las cosas, restituya a los hombres y a los pueblos el derecho inalienable de libertades y soberanías.

Trabajemos por imponer la justicia, basada en el respeto, en el principio de igualdad de derechos y de la libre determinación de los pueblos.

19-III-47

Y ante todo quisiera que estas insinuaciones de mujer a mujer, para la preparación de un nuevo espíritu femenino, no comportaran para ustedes la creencia de que la mujer va a ser menos mujer porque vote, porque realce al votar el deber que la tradición de la Tierra ha reservado al hombre.

No, queridas compañeras, no. Sería ilusorio tratar de mudarnos el alma. Sería inútil variar la índole de nuestros instintos, condicionar nuestra sensibilidad a la insensibilidad de la política. ¡No! Cuando concito tu atención, amiga mía; cuando apelo a tu sentido común y al dictado de nuestra nueva conciencia, no intento siquiera mudar la delicadeza de tu personalidad de mujer. La mujer debe votar. La mujer debe complementar el proceso cívico de su pueblo. La mujer debe influir de manera viva y decisiva en la esfera pública. Pero la mujer no debe por ello resignar ninguna de sus dotes espirituales que le dan expresión. Al contrario: la mujer debe ir hacia la vida pública con su voluntad confrontada con tan delicados y supremos valores humanos. Si al hombre, en el ejercicio de su ciudadanía, se le podría imputar una ambición rastrera o un interés subalterno, a la mujer argentina en manera alguna se le podría mañana achacar irresponsabilidad o ligereza electoral...

...¿No creéis, compañeras mías, que ha llegado el bendito momento de oponer al desborde de una hora, nuestra sedimentada pasión de años y años, pasados en la observación, en el silencio, en el ejercicio de nuestro buen sentido hogareño?...

...¿No creéis que al hombre le hace falta también descansar de sus compromisos nacionales, en el complemento obligatorio de su vida, en el ser más entrañable, en el testigo más íntimo de su preocupación, de su ansiedad, de su inquietud: su mujer? ¿No lo creen así, mujeres de mi pueblo, estén donde estén, al recibir esta suprema confesión de un corazón femenino que cree interpretarlas a todas? Es necesario que respondáis sí. Esa afirmación es la afirmación de la verdad. Decir sí es vivir la realidad social de la revolución argentina, iniciada bajo el auspicio promisorio de la mujer que, por primera vez, reaccionó en forma política, decisiva y recia...

...Habrá muchas mujeres que en la Argentina aún creen poder sustraerse al deber de emitir su juicio en una elección libre, donde se juega la tranquilidad de su esposo, o la carrera de su hijo, o la ambición de su novio, o el porvenir de su hermano, o el resumen de toda situación personal, que es el destino de la patria misma. A esas mujeres, a esas compañeras mías, yo les diría: leed los diarios del mundo. Pensad que el hambre, la miseria y el dolor vagan por las tres cuartas partes del globo. ¿Es humano dejar a los hombres la entera responsabilidad de correr la aventura trágica del poder? Y ante todo: ¿es humano delegar siempre en los hombres, aunque vivamos en el país de la riqueza, el fruto de nuestros deberes políticos?

9-IV-47

Y piensen ustedes que esta cruzada de ayuda social es una embajada de cariño y amor que llega a los más lejanos rincones de la República para decir, a todos los descamisados, que el coronel Perón sabe estar presente en cualquier lugar de la patria; y que llegará finalmente esa felicidad de que los pobres sean menos pobres y los ricos menos ricos. Recuerden ustedes también que yo, la compañera Evita, me siento más satisfecha al lado de los descamisados que de esas cien familias privilegiadas que no pensaron que los catorce millones de habitantes que forjaron la nacionalidad tienen tanto derecho como ellas a vivir felices.

29-IV-47

Si bien es cierto que la situación y el destino de los hombres de hoy, que su bienestar, que su integridad espiritual, moral y física, y que su felicidad son los objetivos primordiales de una revolución en cuyo escudo está inscripto el emblema cristiano de la Justicia Social, también es cierto que todo ese esfuerzo sería inútil, anodino y egoísta si no consolidáramos todo ese bienestar para legarlo, como un patrimonio, a las generaciones que nos sucederán.

31-V-47

Cuando Perón subió al gobierno existía un régimen sordo e inhumano; y esa máquina todavía no la hemos podido desmontar del todo. Pero tengan ustedes el convencimiento de que paulatinamente lo haremos y de que la justicia social que abrazara el general Perón se cumplirá inexorablemente, cueste lo que cueste y caiga quien caiga...

...Si algún día los malvados, los detractores, los vendepatria llegaran al poder, ello sería la ruina y la desgracia de la patria. Debemos cuidarnos de los enemigos que están agazapados; debemos luchar para no caer en la lacra más grande de la sociedad, que es el comunismo, y debemos luchar para que el mismo no exista entre nosotros.

27-VI-47

El pueblo español está hoy más que nunca ligado a nuestro pueblo argentino. Agradezco a la madre patria todos los homenajes que en mi persona se han rendido a la Argentina, con motivo de mi visita, que no podré olvidar jamás, como tampoco se borrará de mi mente el espectáculo de las incontables banderas argentinas y españolas reunidas en comunidad espiritual como muy pocas veces se ha visto.

Agradezco a España todo el cariño que siente por esta Argentina, su hija, en cuya patria su jefe, el general Perón, está bregando por una justicia social que haga más felices a nuestros trabajadores y a nuestro pueblo todo.

16-VIII-47

La República Argentina tiene en Europa una jerarquía que jamás alcanzó. He escuchado, en efecto, las más autorizadas voces de reconocimiento por la labor que ha cumplido la Revolución. Los principios sociales expuestos por nuestro líder, el general Perón, son ya destinos del mundo. El oprimido reniega de la opresión, el infortunado reclama el derecho de ser feliz.

22-VIII-47

Pienso, amigos de Italia, en todos esos instantes maravillosos que se han adentrado tan hondamente en mi corazón, y al conversar con vosotros, a través de este diálogo que dicta el sentimiento, experimento la grata emoción de aproximarme otra vez a un pueblo que conozco y admiro por sus virtudes creadoras, por su hondura humana, por su sensibilidad y su cultura, que parece reflorecer en una infinita primavera de belleza, de poesía y de arte, sin agotarse nunca, ofreciéndonos así el espectáculo de un perpetuo milagro en que la gracia y la fuerza armonizan mágicamente. La gracia angélica de Rafael y la fuerza cósmica de Miguel Ángel no han surgido por azar entre vosotros: son el símbolo del alma itálica, su contenido inmanente y la síntesis del mensaje que habla a los siglos con las voces de piedra de las catedrales y los monumentos, los museos y las columnas, la misteriosa sugestión de Leonardo y la resonancia divina de las estrofas de Dante, donde el número y la arquitectura dan forma precisa y matemática a las visiones y los sueños.

7-XI-47

Yo, como mujer de mi pueblo, aspiro, por mi parte, a que los niños no sólo sepan sonreír desde su infancia, sino que sean también felices, para que así, cuando tengan la responsabilidad del futuro de la Argentina, sepan decir que cuando el general Perón gobernaba la Argentina su preocupación mayor fue la felicidad de los niños.

24-XII-47

Nuestro orgullo de triunfar por sobre las injusticias entre clases es la mejor prueba de que estamos en el camino de Dios. Nuestra satisfacción generosa de este instante, florecido y aromado por la risa de los niños, es el mejor galardón de esta batalla anual por el sostenimiento de nuestras conquistas vitales, humanísticas, casi íntimas en cada ser que lucha, piensa y sueña con un más alto escalón de la condición humana. Nuestra victoria es la más maravillosa de las victorias; es la victoria de la esencia misma de Jesús: el hombre.

Supimos que el hombre no es un mecanismo de relojería, ni una maquinaria sometida a prueba de eficiencia y cuadro de desgaste. Supimos que el hombre es, ante todo, un pobre corazón lleno de amor y rebosante de pasión por la vida. Supimos que el hombre es, en primer término, ansiedad, miedo, esperanza y voluntad. Desterramos de los argentinos el miedo que envilece a los pueblos y la ansiedad diaria por el sustento, que condiciona y abruma la formación de la familia y de la patria. Con ello volvió a los argentinos el fervor por su voluntad de trabajo, al devolvérseles la justicia. Y, al fin, hemos hecho que de las excelencias del argentino sea la esperanza cristiana y la fe en su pueblo la más maravillosa de las resurrecciones. Eso es, mis queridos descamisados, lo que hemos hecho y seguiremos haciendo por el triunfo del corazón del hombre. Eso: acercar el amor y el gozo del pan al mayor número. Que desde La Quiaca a la Isla de los Estados se viva cada jornada con mayor fervor por la vida. Que sea la risa, la amplia sonrisa de la paz y de la justicia, la contraseña de lo argentino dentro del mundo.

1948

Necesitamos hacer un gran país, amplio, recio, libre en sus recursos naturales, fuerte en sus decisiones, generoso y justo en su trato a los hombres. Necesitamos seguir creando, produciendo, seguir suscitando ímpetus, seguir templando voluntades. Necesitamos ir hacia adelante, triturando la incomprensión, destruyendo la rutina, desterrando la teoría del menor esfuerzo.

16-II-48

Me emociona que sean siempre los obreros de mi patria los que lleguen hasta mí para traerme su ayuda material. Es asombroso que hayan de ser siempre los humildes los que den el ejemplo a los poderosos, que jamás se han acercado a mí para ofrecer una contribución. Lo único que han hecho es criticar mi ayuda social y protestar porque una mujer argentina se desvele por llevar un poco de felicidad al corazón de los humildes. Tal vez ellos preferirían que yo hiciese vida social en lugar de acudir a donde sé que se me necesita.

12-III-48

Nosotros no levantamos tribunas solamente en las épocas preelectorales, sino que estamos permanentemente en contacto con el pueblo para auscultar sus sentimientos y saber si interpretamos sus aspiraciones.

13-III-48

Los clubes escolares van a permitir que el obrero cansado, el empleado ansioso de belleza o amistad, la madre que tenga el humano deseo de charlar unos minutos en un ambiente grato, el niño que no puede dar rienda suelta a sus juveniles energías en la exigua casa de vecindad, el joven apasionado por la lectura que no alcanza a adquirir el libro costoso o que no tiene para leerlo un lugar acogedor y tibio; permitir, digo, que todos ellos puedan realizar sus anhelos modestos, pero por eso mismo más imperiosos, entre los muros de la escuela, aún vibrantes con la algarabía infantil de las horas de clase. Dar así al edificio escolar frío, oscuro y dormido cuando los dos turnos han terminado, una nueva, clara y noble vida. Dar al pueblo, a mi pueblo, del que me siento hija y hermana, con quien palpito, sufro y sonrío, una nueva muestra del amor que el presidente y yo le tenemos. Por eso dije que acaso pocas iniciativas puedan parecerme tan mías, porque veo en cada cabecita rubia o morena una expresión de mi propio ser; porque pienso que cada moño en los cabellos de las niñas y cada escarapela en los blancos delantales de los varones pudieran ser moños, escarapelas, amor, que hubiese yo derramado sobre ellos. Cuando estos clubes se hayan multiplicado en casi todas las escuelas de la República habrá en las frías tardes invernales o en los días asfixiantes del verano, niños y niñas, hombres y muchachos leyendo en las bibliotecas, escuchando la radio o asistiendo a una buena representación cinematográfica. Y me parecerá que lo mejor de mí misma, la esencia más pura de mi pensamiento, flota sobre ellos, se detiene un momento emocionada sobre cada cabeza y sonríe en los ojos alegres, o se conmueve con la belleza de un trozo literario, o se eleva en la gracia de una canción hermosa.

3-IV-48

Esta Ciudad Evita contará con cinco mil casas, con su iglesia, sus escuelas, sus hospitales, sus sitios de diversión y todas las comodidades. Eso es lo que les dará el viejo coronel Perón a sus descamisados argentinos. Mientras tanto, levantaremos con todo cariño los hogares de tránsito, que espero sean modelo de humanidad y de confort, para que todos los que salgan de ellos se sientan más satisfechos y más orgullosos que nunca de ser argentinos.

7-V-48

El Hogar de Tránsito de la calle Carlos Calvo, 102, que hemos inaugurado no hace mucho tiempo, ofrece a las personas desamparadas innumerables beneficios, alimentación y atenciones de índole general que contribuyen a levantar espiritual y moralmente a las personas que no han sido favorecidas con la fortuna. Además, cuentan con exhibiciones cinematográficas, que se ofrecen todos los días; tienen radio, y a los niños se les da educación esmerada.

11-V-48

Si la mujer salió a la calle para ganarse el pan, también debe tener el derecho a elegir sus gobernantes; a que se la iguale a los hombres en todas las condiciones de trabajo. Aspiramos a la completa nivelación con los hombres: a igual trabajo igual salario.

12-V-48

Aspiramos a que el libro llegue a todos aquellos trabajadores de la patria que busquen un refugio espiritual o que anhelen elevar el nivel de su cultura y pondremos al alcance de ellos todos los medios que les fueron sistemáticamente negados por gobiernos anteriores, que cerraron sus puertas a las masas laboriosas, tan ansiosas de cultura como de justicia.

3-VI-48

Yo imagino la vergüenza que pesará sobre esos señores que hoy sienten el repudio de la clase popular y la ignominia de no haber sabido ser argentinos, de no haber actuado ni sentido como argentinos. Y creo que el mejor castigo lo tienen en el repudio de las clases populares, que constituyen la esencia de nuestra nacionalidad.

Como mujer de esa clase descamisada, que ha sabido de incertidumbres e ingratitudes, me uno a ese repudio, pues he visto a nuestro país abandonado, mientras familias privilegiadas vendían la patria al extranjero y vivían solamente para ellas.

28-VII-48

La felicidad de un pueblo, en cuanto se refiere a sus medios de vida, se logra con una adecuada legislación en materia de justicia social y una equitativa distribución de la ayuda social. Porque resulta innegable que ésta es complemento de aquélla. La justicia social juega en el orden de los seres aptos para el trabajo, puesto que los que dejan de serlo, ya sea por accidentes, por enfermedad o por causa que la ley contempla, no quedan jamás desamparados. La ayuda social, en cambio, va dirigida a otro sector humano, que el Estado y la sociedad no pueden ni deben ignorar. Es un deber de solidaridad humana que supera todo prejuicio.

La ayuda social que llega, que se suministra racionalmente, previo examen de las condiciones de vida del que la recibe, protege y estimula. La limosna, dada para satisfacción de quien la otorga, deprime y aletarga. La ayuda social, honestamente practicada, tiene virtudes curativas. La limosna prolonga la enfermedad. La ayuda social está destinada a mitigar necesidades y restituir a la sociedad, como elementos aptos, a los descendientes de los desamparados.

4-VIII-48

La significación social del «descamisado» surge de su condición de vanguardia de la nacionalidad. Entregado a la producción, lo mismo en el agro que en la fábrica o en el taller, ha roto para siempre las cadenas que lo mantenían en el anonimato social. Surge a la vida ciudadana como un valor, como una expresión combativa, con personalidad propia. El «descamisado» ha dejado de ser elemento de explotación humana para convertirse en factor de progreso, de unidad nacional, de bienestar colectivo.

La aparición del «descamisado» inicia, desarrolla y apuntala una política que liquida la terrible contradicción de nuestro pasado cercano. En el pasado, la patria, a los efectos internos de los derechos del trabajador y a los efectos internacionales de la defensa de nuestra soberanía como Estado y como nación, era sólo una palabra que se confundía con los intereses minoritarios de la oligarquía, que no supo darle ni contenido de pueblo, ni sentido tradicional, ni grandeza colectiva. La aparición del «descamisado» rompe la política de las minorías traficantes y se produce el milagro, largamente esperado, de la abolición de los privilegios.

«Descamisado.» Este nombre, que quiso ser infamante, envolvió como una bandera la obra del general Perón y de sus fieles compañeros. «Descamisado» pasó a ser así sinónimo de victoria nacional. Con su líder, los «descamisados» enterraron en el pasado los viejos conceptos de un capitalismo egoísta y explotador, que fundaba su bienestar en la miseria del pueblo. Con su líder, los «descamisados» borraron de nuestra historia política la vergüenza del fraude, imponiendo el respeto a la voluntad cívica de la nación. Con su líder recuperaron el patrimonio colectivo y devolvieron a la patria su auténtica soberanía. «Descamisado» es la interpretación de los sentimientos del pueblo mismo.

20-VIII-48

Les aconsejo que elijan bien a sus dirigentes: que sean leales, que sean idealistas y que quieran a la masa trabajadora. Sé que ustedes jamás apoyarían a los comunistas, pues aunque alguno de ellos se finja peronista, los conocen ustedes demasiado bien para no llamarse a engaño y poder evitar que se infiltren los que les llevarían a la destrucción.

25-VIII-48

Toda la pretendida complejidad de los problemas sociales ha servido, en el pasado, como cortina de humo para negar a los trabajadores sus derechos naturales a reclamar mejores condiciones de vida. En esa época, en que el capital deshumanizado era el principal enemigo y el Estado —que lo apoyaba— el instrumento legal de la explotación, pedir mayor producción a los trabajadores era pedirles que contribuyeran con más sudor, con más sacrificios, con mayores esfuerzos a la riqueza de pocos y a la miseria de muchos. Nuestra actualidad y la política de justicia de nuestro líder, el general Perón, han invertido los términos del problema. Ahora no son nuestros enemigos los que nos indican que produzcamos más; somos nosotros mismos los que comprobamos que produciendo más viviremos mejor, y que trabajando con mayor conciencia social estaremos labrando el grandioso porvenir de nuestra patria.

26-VIII-48

La sola proclamación de los Derechos de la Ancianidad no llenará nuestros objetivos y nuestras aspiraciones —todos ellos acordes con los principios solidarios y la política justiciera que inició el general Perón—. Nuestros objetivos van más allá; nuestras aspiraciones buscan realizarse más profundamente aún, comprendiendo no sólo a los ancianos desvalidos de nuestra sociedad, sino a los olvidados de la Tierra. La justicia y la solidaridad no reconocen ni pueden reconocer fronteras. Son manifestaciones superiores de la condición humana, formas reveladoras del soplo divino que anima nuestras vidas y busca perfeccionarse de cara a la eternidad.

Decálogo de los Derechos de la Ancianidad.

1.°) *Derecho a la asistencia.* Todo anciano tiene el derecho a su protección integral por cuenta y cargo de la familia. En caso de desamparo, corresponde al Estado proveer a dicha protección, ya sea en forma directa o por intermedio de los institutos y fundaciones creados o que se crearen con ese fin, sin perjuicio de la subrogación del Estado o de dichos institutos para demandar a los familiares remisos y solventes los aportes correspondientes.

2.°) *Derecho a la vivienda.* El derecho a un albergue higiénico, con un mínimo de comodidades hogareñas, es inherente a la condición humana.

3.°) *Derecho a la alimentación.* La alimentación sana y adecuada a la edad y estado físico de cada uno debe ser contemplada en forma particular.

4.°) *Derecho al vestido.* El vestido decoroso y apropiado al clima complementa el derecho anterior.

5.°) *Derecho al cuidado de la salud física.* El cuidado de la salud física de los ancianos ha de ser preocupación especialísima y permanente.

6.°) *Derecho al cuidado de la salud moral.* Debe asegurarse el libre ejercicio de las expansiones espirituales, conformes con la moral y el culto.

7.°) *Derecho al esparcimiento.* Ha de reconocerse a la ancianidad el derecho de gozar mesuradamente de un mínimo de entretenimientos, para que pueda sobrellevar con satisfacción sus horas de espera.

8.°) *Derecho al trabajo.* Cuando el estado y las condiciones lo permitan, la ocupación por medio de la laborterapia productiva ha de ser facilitada. Se evitará, así, la disminución de la personalidad.

9.°) *Derecho a la tranquilidad.* Gozar de tranquilidad, libre de angustias y preocupaciones, en los años últimos de existencia, es patrimonio del anciano.

10.°) *Derecho al respeto.* La ancianidad tiene derecho al respeto y la consideración de sus semejantes.

8-IX-48

El «Estatuto del peón» fue el primer paso y el factor inicial de organización que logró despertar a los descalificados del agro y enseñarles el camino de su dignificación por la vía de su redención económica. Los convenios colectivos y los laudos, que lograron condiciones justas para las tareas agrícolas, señalaron el segundo paso hacia la justicia social, que también reivindica a los descamisados del campo. La comercialización de las cosechas, oponiendo al concepto de «comprador único» —que sostenían— el trust del «vendedor único», como instrumento eficaz en la defensa de los precios de nuestra producción agropecuaria, arrancó a los pequeños productores y a los arrendatarios de la garras de sus explotadores y valoró su producción. Y, finalmente, la política de industrialización, que no se consolida contra el campo sino justamente con él, abre perspectivas grandiosas a nuestro agroproductor.

16-X-48

La unidad entre pueblo y gobierno —porque éste se sabe plenamente apoyado por aquél, y aquél totalmente representado por sus elegidos— no sólo es un hecho nuevo en la historia política de la nación, sino que encarna la palanca específica para todas las superaciones. Esa unidad, cuya primera manifestación se dio el 17 de octubre, como unidad revolucionaria que es, tiene características esencialmente dinámicas. A cada año que pasa, a cada conmemoración, multiplica su contenido y amplía los cuadros de la labor conjunta entre pueblo y gobierno, lo cual es la suprema garantía del logro de nuestro porvenir.

5-XII-48

La historia del hombre es la historia de una búsqueda incesante de la justicia. Por la justicia se han librado guerras y firmado tratados de paz; han surgido déspotas y han caído imperios; se han formado estatutos jurídicos y se los ha violado después; se ha escarnecido a los genios y encumbrado a los necios. Todos ellos son episodios de una larga lucha por la justicia, ese estado de equilibrio que le permite al hombre disfrutar de su vida, gozar de los frutos de su trabajo, organizar una familia, edificar para el porvenir y convivir en paz con sus semejantes.

18-XII-48

La adhesión del gobierno de Bolivia al Decálogo de los Derechos de la Ancianidad, en el que consustanciamos los derechos de los que culminaron una existencia de trabajo para abocarse a la espera del no ser, es un epílogo digno de la condición humana, es un hecho que honra por igual a la hermosa nación hermana del altiplano y a toda la comunidad americana. Dice, con elocuencia, que los gestos que se alimentan del fuero moral y que dignifican el espíritu de nuestra época —lamentablemente tan propensa al utilitarismo más crudo— encuentran en nuestro continente un campo propicio a su desenvolvimiento y a su ampliación, señalando también, en este aspecto, nuevos rumbos para la perfección del mundo.

1949

1-I-49

Abrazada a la patria, todo lo daré, porque hay pobres en ella todavía, porque hay tristes, porque hay desesperanzados, porque hay enfermos. Mi alma lo sabe, mi cuerpo lo ha sentido. Pongo junto al alma de mi pueblo mi propia alma. Le ofrezco todas mis energías para que mi cuerpo sea como un puente tendido hacia la felicidad común. Pasad sobre él, firme el paso, alta la frente, hacia el destino supremo de la patria nueva. Ni fatiga, ni vigilia, ni sacrificio importan mucho cuando se busca acabar con la fatiga y el sufrimiento anidados en las entrañas del pueblo.

15-IV-49

En los puntos vitales de este mundo enfebrecido hay una célula humilde y proletaria que recuerda a los hombres tristes, preocupados, hambrientos y desesperanzados de todos los pueblos, que existe aquí una comunidad amante de la paz, enamorada de la libertad y preocupada por dar al hombre el sentido de la dignidad de su vida en el trabajo. Hoy esa dignidad de vida tiene en nuestra patria jerarquía institucional a través de los derechos sociales consagrados en la nueva Constitución. Estamos en una fragua cuyos fuegos no se apagan nunca. La hemos encendido para reemplazar a la lámpara votiva de la antigüedad. La llama que surge de ella ilumina al mundo y lo convoca a la labor constructiva.

29-IV-49

Por eso comprendo el cariño entrañable que siente el general Perón por sus descamisados, tengo fe inquebrantable en su obra y experimento irrefrenables deseos de morir en la lucha, si fuera necesario, para salvar la causa de Perón, que es la causa de la patria.

1-V-49

Este Primero de Mayo debe ser ejemplo en el mundo convulsionado. La fiesta de los trabajadores argentinos se basa en la felicidad de los humildes que, nobles y bien nacidos, vienen a rendir homenaje al líder de todos los trabajadores del mundo. En nuestra patria ya no existe la olla popular, ya no existe la desesperanza. El general Perón no sólo ha aumentado los salarios, sino que ha hecho algo más: ha dignificado la vida porque ha dignificado al hombre por el hombre. En nuestra patria ya no se entonan himnos extranjeros, sino que se canta el nuestro; y no se enarbolan trapos foráneos, sino que se lleva la inmaculada bandera azul y blanca. En nuestra patria el Primero de Mayo es el canto a la vida, a la esperanza y a la sonrisa.

10-V-49

La Fundación de Ayuda Social inaugura hoy este barrio, como hace poco ha inaugurado barrios obreros en Catamarca, Tucumán, La Rioja, Jujuy, Corrientes, Mendoza, San Juan, Córdoba y Buenos Aires, obras todas realizadas en homenaje y al servicio de los trabajadores de la patria. Hace seis meses inauguramos en Comodoro Rivadavia —esa zona tan importante de la República, donde están los obreros del petróleo— un hogar-escuela dedicado pura y exclusivamente a hijos de esos trabajadores. Y ahora también se agrega la gobernación de Formosa.

16-V-49

Este dinero que ustedes, los trabajadores, han venido a ofrecer a la Fundación de Ayuda Social que tengo el honor de presidir ha de destinarse para una construcción que la Fundación levantará en la provincia de La Rioja, y en la cual una placa llevará grabado que los obreros del riel de la Argentina —así como muchos otros gremios, a fuer de sincera— han aportado su óbolo, en el que han puesto todo su corazón, su cariño y su solidaridad hacia los que sufren y hacia los que aun en la era de Perón tuvieron que sufrir la inercia de sesenta años de abandono y de antipatria.

Esa placa de bronce ha de servir para que los hombres del futuro, los argentinos del futuro, vean que la clase trabajadora con que Perón construyó la Argentina tenía valores morales más grandes que la que se llamó clase dirigente y que vendió la patria a los capitales foráneos, y podrán darse la idea de que a tal pueblo, tal gobernante.

6-VI-49

Vengo con enorme satisfacción a este acto, porque sé que se ha reparado una injusticia y se ha dignificado al docente particular, que tiene la misma responsabilidad que cualquier otro maestro, puesto que él educa a los niños, quienes —como dice el general Perón— son los únicos que tienen privilegios. El maestro debe ir a cumplir su alta función social con una sonrisa en los labios y no con las manos crispadas y la amargura de su impotencia y su desesperanza reflejada en el rostro...

...Ustedes saben bien que los que hablaban de justicia, que los que hablaban de democracia, que los que hablaban de humanidad, hablan mucho ahora, pero con ustedes no se aplicaba. Hablaban de explotación, de humanidad, de ayudar al trabajador, de ayudar a la mujer. Pero ¡pobres las mujeres que trabajaban en sus escuelas! Les pagaban treinta o cuarenta pesos por mes.

10-VI-49

El peronismo agranda sus filas porque el pueblo sabe que su causa puede ser redentora de la clase trabajadora y de la misma patria. Si el pueblo fuera feliz en su totalidad y la grandeza de la patria estuviera definitivamente consolidada, ser peronista sería un derecho. Pero en nuestros días ser peronista es un deber.

18-VI-49

Cuando el general Perón concluya su mandato presidencial quiere dejar una institución modelo, tan completa que todos los argentinos podamos enorgullecernos no sólo de haber forjado una patria justa y libre, sino también de haber creado una organización de asistencia social que pueda ser mostrada como ejemplo —como ya sucede ahora— en todos los países civilizados, aun entre los más adelantados en esta materia.

1-VII-49

El Ministerio de Trabajo ha tenido siempre sus puertas abiertas a las inquietudes obreras de todos los gremios. Aquí hemos tenido la franqueza de decir, cuando algo no se podía obtener, que ésa era la situación, puesto que, como la justicia social está en marcha, lo que no se puede conseguir hoy se ha de conseguir mañana, ya que en el gobierno del general Perón el sol sale para todos los hogares argentinos.

14-VII-49

Prefiero, para expresarme, más que palabras siempre fáciles de pronunciar, hechos concretos que desafían con su solidez a los dialécticos caprichosos. No en vano tenemos como fuente de inspiración la doctrina y la obra del general Perón, que niega y rechaza el fácil halago de las promesas para exaltar el valor efectivo de las realizaciones.

1-VIII-49

El general Perón trabaja no para cien familias privilegiadas, sino para los 17 millones de habitantes y para construir una patria grande, feliz y poderosa. Ustedes saben, compañeros madereros, que antes se hablaba mucho del proletariado argentino, pero todo era una farsa. Jamás hubo un hombre que se animara a anunciar que la justicia social debía implantarse en nuestra patria, como la implantó el general Perón. Se necesitó un argentino, se necesitó un patriota que dijera que en esta patria debían ser todos felices, porque para hablar de felicidad, de paz y para hablar de la construcción de un pueblo grande se debe hacerlo en base a la justicia, y Perón es el justicialista más grande que conoció la historia argentina. Ha hecho milagros, compañeros, porque ustedes saben los salarios que tenían hace tres años y los que tienen hoy. Y eso que no se puede cambiar el mundo en tres años, ni hacer en ese tiempo lo que no se hizo en cien...

...El peronismo está en marcha y nada ni nadie lo podría detener. Garantizan su triunfo las leyes inmutables del progreso y la perfección del género humano, los imperativos de la dignificación popular y el destino superior de los pueblos. Nosotras, las mujeres peronistas, que somos parte integrante de ese pueblo y que sentimos sus inquietudes con la doble perspectiva de mujeres y de ciudadanas, nos hemos constituido en misioneras del general Perón y de su obra de recuperación nacional, de justicialismo social y de intransigente soberanía. Nuestra fe, nuestro entusiasmo, nuestra fidelidad al pueblo y al Líder son una garantía más para el triunfo popular, que es el triunfo de Perón. Unidas alrededor de él, fortalecidas con su doctrina, inspiradas en su ejemplo y dinamizadas por su devoción a la noble causa argentina, seremos invencibles.

24-VIII-49

Los pueblos que se perfeccionan en el concepto del trabajo, la dignificación del trabajador, dentro del plan integral del postulado básico de la civilización, que es LA PAZ, tienen en formación un principio de elevación de la unidad de la familia como elemento fundamental de la unidad de los pueblos, depositarios de la humana comprensión y de la sensibilidad de una mística que sólo tiene cabida en los pensamientos sublimes.

Las palabras perdieron el fragor del estoicismo ante la admisión del egoísmo. Pero hoy, en la Argentina, se abre una nueva y trascendental claridad justiciera estableciendo normas que sirven para orientar la acción de los individuos y de los poderes públicos, a fin de elevar la cultura social, dignificar el trabajo y humanizar el capital, como la forma ideal de establecer el equilibrio y el orden social.

El hombre cumple así el individualismo en función social por medio del derecho de trabajar, el derecho a una retribución justa, el derecho a la capacitación, el derecho a condiciones dignas de trabajo, a la preservación de la salud, al bienestar, a la seguridad social, a la protección de su familia, al mejoramiento económico y a la defensa de los intereses profesionales, que constituyen atribuciones esenciales de todos los hombres y mujeres, sagrados derechos que figuran en la Constitución justicialista de Perón y proclamados por el Líder de los Trabajadores argentinos...

...Todos estos principios, todas estas realizaciones, todos estos avances que se incorporaron al acervo moral y espiritual del pueblo argentino, nada hubiesen significado para el afianzamiento y la consolidación del bienestar social, si la evolución y el sentido de la legislación dictada por los hombres de nuestro movimiento no hubiesen encontrado en la reforma de la Constitución Nacional su manifestación propicia. La Constitución adquirió así la consistencia de un corto mensaje a la posteridad, reflejo de una nueva era de justicialismo peroniano que vivimos, y como una rectificación de las deformaciones que el pasar de los años imponen y que fijan límites al necesario avance de la civilización...

...Cuando, al apelar a la confianza de las ideas liberales, nos encontramos con los vicios y deformaciones que derivan de los regímenes del más crudo despotismo con métodos de libertinaje detractor no hay fuerza humana con sensibilidad cristiana que no repudie esas tendencias que degradan los atributos esenciales de la personalidad humana...

...El orden material y moral de nuestro movimiento de conciencias se dirige hacia destinos seguros, involucrando la actividad integral de toda la vida interna de la República Argentina, a fin de colocarse en una posición internacional propia, liberada de extremismos y segura de sus principios con la expresión íntima de todos los pueblos amantes de la paz. Argentina la ha denominado como la tercera posición internacional, si es que la ciencia de los pueblos admite la ciencia fundamental de la libre y soberana determinación de sus destinos.

17-IX-49

Yo no deseo para el peronismo a los ciudadanos sin mística revolucionaria. Que no se incorporen. Que se queden rezagados si no están convencidos. El que ingrese, que vuelva su cabeza y su corazón sin retaceos para afrontar nuestras luchas, que siempre habrán de terminar en un glorioso 17 de octubre.

4-XI-49

Mi anhelo es que cualquier mujer argentina que llegue a tener el privilegio y el honor de ser la primera dama desee, como deseo yo, ser Evita antes que la esposa del presidente de la nación, si ese nombre es pronunciado para calmar un dolor en algún hogar de la patria.

30-XII-49

Ambos valores, la doctrina peronista y la solidaridad de los «descamisados», son los únicos puntales sobre los que se apoya la Fundación de Ayuda Social que me honro en presidir y que, por lo mismo, refleja en su conjunto el alma generosa de todos los «descamisados». El pueblo, que tanto ha recibido del general Perón, le devuelve a través de ella, en obras de fraternidad, de solidaridad y de cooperación con los necesitados, la ternura y los sacrificios que el general Perón ha ofrecido a sus queridos «descamisados». La Fundación es aporte moral y material del pueblo. Y si queremos estimar de una manera efectiva su obra solidaria e indudablemente superior en el cuadro activo de las acciones colectivas, para identificar de una manera profunda a todo valor que pueda exhibir la Fundación, es necesario ir al pueblo, pulsar su alma abierta a la síntesis misma de la generosidad y beber su luminosa pureza. Y como ir al alma del pueblo es penetrar en los recintos donde se venera a Perón, sólo a Perón y al pueblo debe sus triunfos la Fundación de Ayuda Social.

1950

24-II-50

Cuando Alejandro, el vencedor de Persia, hubo repartido todos sus bienes y honores, Perdicas le preguntó asombrado: «¿Qué guardas para ti, Alejandro?» Alejandro le respondió: «Yo guardo para mí la esperanza.» Ésta es la respuesta que yo he elegido para todas las preguntas que se me formulan acerca del porvenir. Yo no quiero otra cosa. No tengo otra ambición. «Yo guardo para mí la esperanza». Yo quiero seguir siendo la esperanza... porque siéndola, podré retribuir todos los días a los descamisados el amor de mi corazón que ellos se merecen desde el día que se jugaron la vida por Perón.

Estos árboles, estas tierras, estos campos simbolizan y expresan la transformación vital que, a través de la doctrina y la obra de Perón, se ha operado en todo el país. Lo que ayer fue privilegio de potentados es hoy patrimonio del pueblo. Lo que ayer fue símbolo del poder omnipotente de una minoría retrógrada, soberbia, ante los humildes y servil ante los poderosos, es hoy lugar de esparcimiento de toda la clase trabajadora. Lo que hasta ayer fue patrimonio de una oligarquía fría, sin pasión nacional, vendepatria, ajena a todos los problemas y los dolores de los humildes, se denomina, desde este momento, «Parque Los Derechos de la Ancianidad»...

...En aquellos comicios, nuestra conciencia de ciudadanos se sublevó al ver, año tras año, y gobierno tras gobierno, la patria vendida por los mercaderes de nuestra soberanía. Por eso se inició la marcha del peronismo, que nada ni nadie podrá detener, mientras haya un músculo y un hombre intrépido. No importa, compañeros de trabajo, que ellos esgriman la mentira y traten de desprestigiar a nuestros hombres; no podrán hacer desaparecer la obra ciclópea que ha realizado Perón. Dios, con su infinita sabiduría, enfrió el corazón y restó valores morales y espirituales a los oligarcas para dárselos al pueblo argentino. El pueblo, rico en esos valores, es el verdadero baluarte del peronismo y es el sostenedor de nuestra doctrina, porque sabe que allí está afianzado el porvenir de la patria.

La realidad está en nuestras manos. En esta tierra bendita del mundo no hay hombres tristes, no hay hombres sin esperanzas. Todos son hombres dignos del nombre que llevan y todos saben que la dignidad que poseen se la han ganado jugándose la vida por Perón, que se la juega por todos y la está gastando por todos, trabajando sin descanso para que todos seamos felices. Con Perón estuvimos en la buenas y en las malas, en los días inciertos de sus primeras luchas en la querida e inolvidable Secretaría de Trabajo y Previsión. Con él estuvimos en los días de su aparente derrota, cuando la oligarquía inconsciente se dio la mano con todas las fuerzas de la antipatria para apagar definitivamente la voz del coronel Perón, que era la voz de la verdad y la voz de la patria misma. Con Perón estuvimos el 17 de octubre en la plaza de Mayo, y en aquella noche inolvidable yo adquirí, con los descamisados, una deuda impagable, porque los descamisados... ustedes... y los de todos los rincones de la patria, hicieron el milagro de salvar a Perón y al país mismo.

2-III-50

Dentro de pocos días, la ciudadanía entrerriana ha de expresar su voluntad en las urnas a esos señores que constituyen los llamados «partidos tradicionales». Falsean la verdad: lo único tradicional que hay en la patria es el pueblo y ellos no pueden ser tradicionales porque el pueblo los ha repudiado, porque constituyeron partidos de traición, porque traicionaron lo único tradicional que hay, que es el pueblo mismo. Partido tradicional —por nuevo que sea— es el peronismo, porque es la auténtica representación de los descamisados, como han de comprobarlo, una vez más, el 5 de marzo en las urnas al votar al general Albariño, dando así su «presente» al general Perón.

3-III-50

No olvidemos, compañeros ferroviarios, que el general Perón está quemando su vida para alumbrar el siglo peroniano. Piensen que el general Perón daría mil veces su vida, si fuera preciso, para consolidar su obra, porque sabe que el barco de la nación, dirigido por él, va hacia un rumbo claro y fijo, que habrá de llevar la prosperidad y la grandeza a todo el pueblo argentino. Y en este «la vida por Perón», compañeros trabajadores, me uno a ustedes. Y en cualquier momento, cuando sea preciso citar al pueblo trabajador, como se hizo el 17 de octubre de 1945, quiero que me tengan presente, para ir al frente de las columnas trabajadoras y ser la primera en caer por Perón...

...La Fundación de Ayuda Social que tengo el honor de presidir, siguiendo las directivas del general Perón y los impulsos de mi corazón, ha puesto en uno de los pisos del Hogar de la Empleada —uno de los últimos institutos construidos— la leyenda que dice: «Sean bienvenidos a esta casa todos los hombres y mujeres de buena voluntad, cualquiera sea su religión, credo o nacionalidad.» Para nosotros, los peronistas, sean árabes, sean judíos, sean ingleses, sean italianos o argentinos, todos son buenos, porque ellos han comprendido que el general Perón trabaja por la independencia económica, por la justicia social y por la paz y la confraternidad de todos los pueblos de buena voluntad.

24-IV-50

Cuando me encuentro con un señor diputado es como si me encontrara con un peronista más que, antes que el cargo y la jerarquía, prefiere ser un peronista auténtico que lucha por el ideal común. Como dijo nuestro querido jefe, el general Perón, no son los cargos los que enaltecen al hombre, sino son los hombres los que enaltecen los cargos. Por eso es que estamos aquí todos unidos en un mismo ideal: uno para todos y todos para uno, luchando a diario porque la patria del general Perón se cristalice definitivamente a través del tiempo.

Quiero que vean en mí a una mujer del pueblo, que con su palabra trata de decir todo lo que siente y que siempre trata de interpretar al general Perón, aunque en su acción diaria tal vez cometa algunos errores. Desgraciado de aquel que no se equivoca nunca: es el que no realiza nada. Es necesario perfeccionar la acción para que en el peronismo seamos todos una familia feliz y grande, para que nos amemos mutuamente, para que no haya pequeñeces, para que sigamos todos el patriótico ejemplo que nos da el general Perón con su vida espartana, con sus ideales patrióticos de argentino que no sueña más que en el engrandecimiento de la nación para legar a los argentinos del mañana una patria socialmente justa, económicamente libre y políticamente soberana.

28-IV-50

El general Perón piensa que es obligación moral del gobierno reintegrar a la sociedad como hombres constructivos y no como resentidos sociales a los que han cometido faltas contra la sociedad. Es el general Perón quien ha tratado de inculcar esta doctrina de amor, de esperanza y de justicia, y ha impreso su sello a todas las cárceles de la nación, aunque todavía haya mucho que realizar.

1-V-50

En este mensaje a los descamisados del Primero de Mayo vaya el cariño afectuoso de la más humilde pero la más fervorosa de todas las colaboradoras del general Perón a los humildes de la Patria que están aquí presentes y a todos los que me escuchan, de una mujer que sabe que tiene las dos distinciones más grandes a que puede aspirar mujer alguna: el amor de los humildes y el odio de los oligarcas.

La paz que todos ambicionamos —dijo el general Perón— no vendrá sino por el camino de la justicia social y del amor entre los hombres. Ella no podrá llegar a ser realidad si la justicia social no trata de igualar la condición de todos, elevando la dignidad humana, lo único que puede nivelarnos a todos. Cuando los hombres comprendan esto, que es tan simple, no habrá pueblos hambrientos en medio de la abundancia, no habrá desamparados definitivos, no habrá resentimientos interminables. La justicia social, que proclamó nuestro líder, el general Perón, será una estrella en la noche de la desesperanza humana.

3-VI-50

Esta gira que me lleva a las provincias pobres de la República es una gira de realidades, puesto que la Fundación de Ayuda Social hará entrega de cinco institutos que serán ejemplo de lo que se hace en esta era peroniana en favor de la clase trabajadora. Los descamisados de la patria, con su noble corazón, saben estimular a los que ponen sus esfuerzos al servicio del pueblo; por eso

288

he visto en el trayecto a ancianos, mujeres, hombres y niños levantar la mano saludando, no a la esposa del presidente, sino a la mujer que ama al pueblo y que representa a todas las mujeres humildes de la patria. ¿Qué premio más grande puede desear una argentina que el amor de su pueblo? Y ustedes, con esa bondad que caracteriza a los trabajadores, al aplaudir y vitorear el nombre de esta humilde mujer, están rindiendo culto a la mujer argentina.

4-VI-50

Hoy tenemos los argentinos la enorme responsabilidad de recibir el legado de nuestro ilustre presidente; legado de justicia, de humanidad, de soberanía, de independencia económica, que debemos entregar a las nuevas generaciones, que no nos perdonarían jamás que, habiendo tenido una era de bonanza como la de hoy, no se la hayamos legado a ellos, para disfrute de sus hijos y sus nietos. Yo sé que los esfuerzos del general Perón están bien respaldados, porque la clase trabajadora y los humildes lo comprenden, lo apoyan, lo estimulan, lo aman y lo veneran por su titánica obra de engrandecimiento de nuestra patria, en base a la liberación del pueblo argentino.

5-VI-50

La Fundación de Ayuda Social que tengo el honor de presidir —honor que le cabe por no ser una institución más, sino porque fue creada dentro de los ideales peronistas— es costeada por la contribución espontánea y generosa de la clase trabajadora de todo el país, y los obreros sienten orgullo al poner ladrillo sobre ladrillo en estos institutos, porque saben que están destinados a sus hijos, a sus hermanos y a sus padres.

17-VI-50

Me reservaré, hoy, mañana y siempre, la esperanza de ver a todos los argentinos felices; la esperanza de ver a esta patria más grande aún y la esperanza de ver cristalizados los sueños de visionario del general Perón; la esperanza de ver consolidada su doctrina, como él la quiere; la esperanza de ver a todos los argentinos unidos, marchando por el único camino que tiene la patria: el de la argentinidad. Todo ello, sin intereses mezquinos, sin intereses materiales. Por su parte, el único interés que abriga el general Perón, como todos los peronistas, es la grandeza de esa patria que soñó San Martín.

20-VII-50

Los nombres de las personas que han hecho algo útil para su pueblo o para el mundo suelen ser grabados en las estatuas y en el bronce de la inmortalidad. Para mí, no hay emoción más pura ni gloria más bella que ver mi nombre, «Evita», presidiendo el Campeonato Infantil, que el año pasado reunió en una fiesta jubilosa a 150.000 niños de toda la República que este año vuelven a acercarse a sus sueños con el deseo de convertirlos en realidad otra vez. Estamos pagando así una vieja deuda que el pasado oligárquico había contraído con los niños de la Argentina...

...La humanidad está viviendo días tremendos. Un frío materialismo quiere burlarse de la ternura. Mezquinas ambiciones han hecho olvidar ese encanto inefable de las pequeñas cosas humildes que nos rodean, y el hombre que tenía amor se ha convertido en el hombre indiferente, y el hombre que creaba se ha transformado en el hombre que destruye. Únicamente así se explica, pero no se perdona, que los niños, que son la ternura y la humana sencillez, hayan sido olvidados, hasta hace pocos años, aun en nuestro país. Pero un día, una voz nueva, un mensaje redentor, proclamó lo que hasta entonces nadie había escuchado jamás: «En la Argentina los únicos privilegiados son los niños.» Era la voz y el corazón de nuestro gran presidente, de nuestro querido general Perón, salvando del olvido a la pureza más limpia de la vida y a la única esperanza cierta de un mundo mejor.

1951

1-I-51

Fue necesario que la Providencia nos diese un hombre
de los quilates de Perón y fue necesario también que
el pueblo retomase las riendas de sus propios destinos; fue necesario que otra vez, como en mayo de
1810, golpease a las puertas de la traición confabula-
da reclamando su derecho a saber de qué se trataba.
Fue necesario que con su nuevo líder recorriese los
campos de la lucha, dejando en el camino jirones de
su carne y de su sangre, y fue necesario también que
su Líder llegase a Tucumán para refirmar la soberanía
de su patria y proclamar una nueva independencia, la
económica, tan esencial como la independencia política, para afirmar la libertad absoluta de un pueblo digno. Hablo en nombre de las mujeres y de los trabajadores. Invoco la plenipotencia de esa representación
para decir lo que ellos sienten. ¡Y ellos sienten que Perón es el heredero directo del pueblo y de San Martín!
Ellos sienten hoy que la misión de San Martín no se

entiende si no se contempla desde esta Nueva Argentina, justa, libre y soberana.

9-III-51

Yo, que en esta tierra tengo la plenipotencia del corazón de las mujeres, de los humildes y de los trabajadores, o sea la representación del pueblo en su inigualable plenitud, yo refirmo mi fe en la victoria definitiva de los pueblos que, como los nuestros de América, saben luchar como han luchado ustedes, esforzados deportistas, por el honor y la gloria...

...Nosotros los argentinos creemos en la fuerza de los pueblos como poder supremo; sostenemos que «la verdadera democracia es aquella en la que el gobierno hace lo que el pueblo quiere y defiende un solo interés: el del pueblo»; decimos con Perón que en esta tierra —lo mismo que en todas la tierras del mundo— lo mejor que tenemos es el pueblo... y creemos firmemente con Perón que al mundo no lo salvarán sino los pueblos, únicamente los pueblos...

...Nosotros desde aquí, desde este rincón de América, iluminados por la estrella de la doctrina peronista, que intenta ofrecer al mundo una nueva solución, la solución justicialista, afirmamos nuestra fe en los valores eternos del hombre, pues lo sabemos capaz de vencer sobre todas las fuerzas que intentan destruirlo y capaz de vencerse a sí mismo por un ideal del espíritu. Frente al pesimismo de los que reniegan del destino humano, nosotros, unidos a todos nuestros hermanos de América, proclamamos nuestro optimismo y nuestra confianza, y lanzamos al mundo nuestra voz como un credo vibrante, en la lucha por la paz y la felicidad.

15-III-51

Nosotros estamos viviendo una época maravillosa, una época que no se da en todos los países ni tampoco en todos los siglos, y ésta es una verdad indiscutible. Los críticos, los supercríticos, los detractores de Perón, podrán escribir la historia como les parezca, como se les antoje, deformando o tergiversando, o decir la verdad, pero lo que no podrán decir, explicar ni negar jamás es que el pueblo lo quiso a Perón...

...Ese sentimiento, ese estado de conciencia que, por unir a todo un pueblo, puede en cierto modo llamarse conciencia social, es lo que nuestro querido Líder ya ha logrado; y tenemos nosotros que ayudarle a afianzar la conciencia social que permita que cuando él, el grande, tenga que alejarse de nosotros por la ley de la vida, el pueblo pueda sobreponerse a los hombres de menos quilates —porque no todos son grandes hombres— para imponerles su acción. La doctrina debe estar arraigada en el corazón del pueblo, para que éste pueda hacerla cumplir al más mediocre de todos los gobernantes que pudiera venir. Nosotros estaremos unidos al nombre del general Perón, que, por grande, sobrepasará un siglo. Si no ocurriera así, los argentinos no mereceríamos el calificativo de gran pueblo, por no haber sabido valorar y aquilatar a un hombre de los quilates del general Perón.

29-III-51

El general Perón es de esos hombres extraordinarios que profundizan la historia universal. Nosotros nos damos cuenta de que tiene todo lo bueno de los grandes hombres y que no tiene nada malo de los grandes hombres. Es por eso que los hombres humildes de nuestra patria —que yo voy a calificar de hombres superiores de nuestra patria, porque fueron superiores— vieron a Perón y creyeron en él. Y es por eso que el general Perón, con muy pocas palabras, ha calificado a esos hombres superiores, a esos hombres humildes de nuestro pueblo, diciendo que lo mejor que tenemos es el pueblo...

...Los mediocres son los inventores de las palabras prudencia, exageración, ridiculez y fanatismo. Para ellos el fanatismo es una cosa inconcebible. Toda nueva idea es exagerada. El hombre superior sabe, en cambio, qué fanático puede ser un sabio, un héroe, un santo o un genio, y por eso lo admira y también lo acepta y acepta el fanatismo.

12-IV-51

Gracias al general Perón, nosotros hemos logrado tener las universidades abiertas a todo el pueblo argentino. Eso nos demuestra la preocupación del gobierno argentino por elevar la cultura del pueblo y porque nuestro pueblo pueda llegar a las universidades, que ya no están reservadas a unos pocos privilegiados. Ahora los humildes pueden ser abogados o médicos, según sean sus inclinaciones. Ellos, con su sentido de pueblo, serán más humanos, y las futuras generaciones podrán agradecernos que los hayamos comprendido y apoyado...

...El peronismo es un movimiento abierto a todo el mundo. Ustedes ven que cualquiera que llega a mí, sea un dirigente de esto o de lo otro, siempre le digo que él, para mí, no es más que un dirigente de Perón. Cuando me dicen que Fulano es un dirigente que responde a Mengano o a Zutano, pienso que no es un dirigente, sino un sinvergüenza, porque, bajo el lema Justicialista, el pueblo y la patria toda constituyen una gran familia, en la que todos somos iguales, felices y contentos, respondiendo sólo a Perón.

19-IV-51

Yo no ambiciono ni quiero tener ningún título dentro de nuestro movimiento, porque no pasarán a la historia los que tengan cargos, ya que Perón es único; pasarán a la historia los humildes que acompañaron a Perón, porque a la historia no pasarán más que Perón y el pueblo. ¡Por eso, no pudiendo ser Perón, yo quiero ser pueblo!

10-VI-51

El pueblo, que tiene una intuición extraordinaria, deja siempre a lo largo del sendero, como se deja lo inútil, a los cobardes y a los payasos. Solamente fue así posible la independencia política y la independencia económica que ha labrado el pueblo argentino. Por eso, porque el pueblo es merecedor de Perón y porque Perón es merecedor de ese pueblo, estamos levantando en todo el territorio de la patria la Nueva Argentina con que soñara el general San Martín y que está cristalizando a pasos gigantescos el general Perón.

31-VII-51

Las mujeres, más que nadie, debemos a Perón nuestra liberación, porque éramos un número en la patria. Estábamos siempre en la hora del dolor, en la hora del sacrificio, pero jamás en las horas de las decisiones. Tuvo que venir Perón para que las mujeres compartiéramos con los hombres la responsabilidad de construir un país más feliz, más próspero, más soberano.

22-VIII-51. Renunciamiento a la vicepresidencia y diálogo con el pueblo en el Cabildo Abierto del Justicialismo

Yo no soy más que una mujer del pueblo argentino, una descamisada de la patria, pero una descamisada de corazón, porque siempre he querido confundirme con los trabajadores, con los ancianos, con los niños, con los que sufren, trabajando codo con codo, corazón a corazón, con ellos, para lograr que lo quieran más a Perón...

...Yo siempre haré lo que diga el pueblo. Pero yo les digo que así como hace cinco años he dicho que prefería ser Evita antes que la mujer del presidente, si esa Evita era dicho para aliviar algún dolor de mi patria, ahora digo que sigo prefiriendo ser Evita. Yo, mi general, con la plenipotencia espiritual que me dan los descamisados, os proclamo, antes que el pueblo os vote el

11 de noviembre, presidente de todos los argentinos. La patria está salvada porque la gobierna el general Perón...

...Mis queridos descamisados: Yo les pido a los compañeros de la CGT, a las mujeres, a los niños, a los trabajadores aquí congregados, que no me hagan hacer lo que nunca quise hacer. Yo les pido a la Confederación General del Trabajo y a ustedes por el cariño que nos une, por el amor que nos profesamos mutuamente, que para una decisión tan trascendental en la vida de esta humilde mujer, me den por lo menos cuatro días más para pensarlo...

...Compañeros: yo no renuncio a mi puesto de lucha, renuncio a los honores...

...Esto me toma de sorpresa. Hace mucho que sabía que mi nombre se mencionaba con insistencia, y no lo he desmentido; yo lo hice por el pueblo y por Perón, porque no había ningún hombre que podía acercarse a distancia sideral de él, y por ustedes, porque así podían conocer a los hombres con vocación de caudillos, y el general, con mi nombre, momentáneamente, se podía amparar de las disensiones partidarias, pero jamás, en mi corazón de humilde mujer argentina pensé que yo podía aceptar este puesto...

...Compañeros: como dijo el general Perón: yo haré lo que diga el pueblo.

31-VIII-51.   La renuncia oficial a la vicepresidencia

Guardaré un recuerdo de eterna gratitud hacia todos los hombres y mujeres, los niños y los ancianos de mi pueblo que estuvieron material o espiritualmente presentes en el Cabildo Abierto del 22 de agosto. Nunca se borrará tampoco de mi corazón la gratitud que siento por los compañeros de la Confederación General del Trabajo, y en ellos, por los trabajadores argentinos. Con ellos y por ellos, por los trabajadores y por los descamisados, seguiré luchando como hasta hoy con el corazón y el pensamiento puestos en el general, nuestro líder, nuestro conductor, nuestro maestro, y para mí el amigo leal que con la grandeza extraordinaria de su alma supo dejar mi decisión de estos días librada al arbitrio de mi propia conciencia y de mi propia voluntad.

Yo creo haber hecho todo lo que estuvo en mis manos para cumplir con los trabajadores, y puse mi corazón al servicio de los pobres, llevando siempre como única bandera el nombre del general Perón a todas partes. Si con ese esfuerzo mío conquisté el corazón de los obreros y de los humildes de mi patria, ésa ya es una recompensa extraordinaria que me obliga a seguir con mis trabajos y mis luchas...

...No tenía entonces ni tengo en estos momentos más que una sola ambición personal: que de mí se diga, cuando se escriba el capítulo maravilloso que la historia dedicará seguramente a Perón, que hubo al lado de Perón una mujer que se dedicó a llevar al presidente las esperanzas del pueblo, y que, a esa mujer, el pueblo la llamaba cariñosamente «Evita». Eso es todo lo que quiero ser.

17-X-51

Tenía que venir y he venido para darle las gracias a Perón, a la CGT, a los descamisados y a mi pueblo. A Perón, que ha querido honrarme con la más alta distinción que puede honrarse a un peronista y con lo que acabo de recibir esta tarde, que yo no terminaré de pagarle ni entregándoles mi vida para agradecerle lo bueno que siempre fue y es conmigo. Nada de lo que yo tengo; nada de lo que soy; ni nada de lo que pienso es mío; es de Perón. Yo no le diré la mentira acostumbrada; yo no le diré que no lo merezco, mi general. Lo merezco por una sola cosa, que vale más que todo el oro del mundo; lo merezco porque todo lo hice por amor a este pueblo. Yo no valgo por lo que hice, yo no valgo por lo que he renunciado; yo no valgo por lo que soy ni por lo que tengo. Yo tengo una sola cosa que vale, la tengo en mi corazón, me duele en el alma, me duele en mi carne y arde en mis nervios. Es el amor por este pueblo y por Perón. Y le doy las gracias a usted, mi general, por haberme enseñado a conocerlo y a quererlo. Si este pueblo me pidiese la vida se la daría cantando, porque la felicidad de un solo descamisado vale más que toda mi vida...

...Los enemigos del pueblo, de Perón y de la patria, saben también desde hace mucho tiempo que Perón y Eva Perón están dispuestos a morir por este pueblo. Ahora también saben que el pueblo está dispuesto a morir por Perón.

27-X-51

Durante cien años, el pueblo argentino sólo ha recibido las migajas que caían de las mesas abundantes de la oligarquía, que primero lo explotaba y después, para quedar en paz con la conciencia, le tiraba las sobras de sus fiestas.

Yo he deseado y he podido, felizmente, realizar el

acto de desagravio que los humildes de mi patria merecían.

En cada instituto de la Fundación he puesto expresamente todo el lujo y toda la riqueza que les fueron negados a los pobres descamisados argentinos durante los cien años amargos de la oligarquía vendepatria y egoísta. Soy feliz porque pude cumplir con el acto solemne de desagravio en todos los rincones del país donde se levanta una obra de la Fundación.

29-X-51

Estoy orgullosa del Partido Peronista Femenino porque veo repetirse en cada una de las mujeres que integran sus cuadros mi propio amor por la causa de Perón. Sé que el propio general Perón está satisfecho por la acción que vienen realizando las mujeres peronistas, y yo me siento feliz, como deben sentirse las compañeras de lucha, porque hemos alcanzado la única gloria que ambicionábamos: ser útiles a Perón, en la Nueva Argentina que él nos ha dado, justa, libre y soberana...

...El Partido Peronista Femenino ha probado al país y al mundo entero que las mujeres son dignas de sus derechos, y si aun no bastase para ello el espectáculo de más de 6.000 unidades básicas organizadas en dos años y si no bastase la evidencia del espíritu de lucha y la disciplina que las animan, las mujeres peronistas darán el 11 de noviembre la prueba definitiva de su conciencia cívica plebiscitándolo a Perón.

9-XI-51

Si pido a los argentinos que voten por Perón no lo hago como mujer del general sino como abanderada del pueblo, como Evita, como personera plenipotenciaria de los trabajadores...

...Cuando cada uno de ustedes deposite su voto quiero que piense y que sepa que yo estaré espiritualmente al lado para darles las gracias en nombre de Perón; en nombre de los niños; en nombre de los ancianos que gracias a Perón se reconciliaron con la vida; en nombre de los humildes que ahora se sienten amparados bajo la bandera del Justicialismo; en nombre de todos los trabajadores que por Perón tienen ahora por primera vez en la historia del mundo un sitio de dignidad entre los hombres, y, finalmente, en nombre de todas las mujeres que gracias a Perón sabemos y sentimos, al votar, que ahora la patria es también nuestra.

7-XII-51

Ustedes son el pueblo. Ustedes son los hombres y mujeres humildes de mi patria. Ustedes son los que me oyen esta noche porque han comprendido que yo los quiero de verdad... y también me quieren un poco. Ustedes son los niños que Perón proclamó los únicos privilegiados. Ustedes son los ancianos que están tan cerca de mi corazón. Son los trabajadores con quienes he luchado en los días sin pausa de la Secretaría de Trabajo y Previsión para que siguiesen adelante por el mismo camino que nos marcó el coronel. Ustedes son el pueblo y yo estoy otra vez con ustedes. Con ustedes, las mujeres del movimiento peronista, heroicas y fanáticas mujeres del corazón bien puesto. Con ustedes, humildes descamisados de los barrios humildes y de los pueblos lejanos...

...Puedo morir tranquila pues cada peronista ha tomado como suyo mi propio trabajo de eterna vigía de la Revolución.

25-XII-51

No puede haber amor donde hay explotadores y explotados, donde hay oligarquías dominantes llenas de privilegios y pueblos desposeídos y miserables, porque nunca los explotadores pudieron ser ni sentirse hermanos de sus explotados y ninguna oligarquía pudo darse con ningún pueblo el abrazo sincero de la fraternidad...

...Lo primero que se me ocurre es agradecer a Dios porque, en medio de un mundo casi definitivamente olvidado del amor, nosotros creemos en su poder y en su fecundidad. Y nos permitimos anunciar la buena nueva de su advenimiento por el camino del Justicialismo. Por eso nos regocijamos y nos alegramos en la fiesta de esta noche. Hace diecinueve siglos y medio, Dios eligió a los humildes pastores de Belén para anunciar el advenimiento de la paz a los hombres de buena voluntad.

Sobre aquel mensaje, los hombres de mala voluntad han acumulado diecinueve siglos y medio de guerras, de crímenes, de explotación y de miseria precisamente a costa del dolor y de la sangre de los pueblos humildes de la Tierra.

Y cuando todo parecía perdido, acaso definitivamente, nosotros, un pueblo humilde, a quien la soberbia de los poderosos llamó descamisados; nosotros, un pueblo que repite en su generosidad, en su sencillez y en su bondad la figura de los pastores evangélicos, hemos sido elegidos entre todos los pueblos y entre los hombres para recoger de las manos de Perón, bañado en el fuego de su corazón e iluminado por sus ideales de visionario, el antiguo mensaje de los ángeles.

Salvando las distancias y remedando el cántico antiguo, nosotros podríamos decir que «Dios ha hecho grandes cosas entre nosotros, deshaciendo las ambiciones del corazón de los soberbios, derribando de su trono a los poderosos, ensalzando a los humildes y colmando de bienes a los pobres».

1952

20-II-52

Estamos librando una batalla, la batalla de los pueblos. Yo creo que la hora de los pueblos ha llegado y que el Justicialismo —que no busca ninguna bandería política, sino la felicidad de todos los que trabajan y de todos los humildes— es un exponente que se ofrece a los pueblos del mundo, para que en él puedan beber un poco más de justicia y, además, tomar el camino que estamos tomando los argentinos, gracias a la doctrina justicialista del general Perón, según la cual todos somos artífices del destino común pero ninguno instrumento de la ambición de nadie...

...Ya pueden ustedes ver claramente cómo el capitalismo conquistó al país y entender por qué cualquiera que quisiese gobernar libremente a la nación debía romper el poder capitalista. Eso es lo que hizo Perón en sus tres formas: capitalismo interno, super-capitalismo y oligarquía que los servía en el gobierno del país. Son tres sistemas muy poderosos, con los que tuvo que luchar el general Perón y que todos conocemos. Poco a poco los capitalistas extranjeros vieron que era mayor negocio hacer algunas cosas aquí que hacerlas en Europa o en Estados Unidos, y los ricos de aquí aprendieron también ellos a ganar más dinero explotando a los obreros. Así se fue creando poco a poco el problema social, político y económico del capitalismo argentino. Teníamos un supracapitalismo que sacaba la riqueza argentina hacia el extranjero, un capitalismo interno que explotaba a los trabajadores directamente y una oligarquía que respetaba y ayudaba la acción de los capitalistas en nombre de la libertad. Pero una era la libertad de los ricos patrones y otra la libertad de los obreros: la de los patrones, la de enriquecerse, y la de los obreros, la de morirse de hambre. ¡Creo que hay una pequeña diferencia!

...Hemos abierto en nuestro movimiento las puertas de par en par para todos los hombres, cualquiera sea su credo, su raza o su religión, porque para nosotros no hay más que argentinos justicialistas enrolados en las tres banderas de la doctrina peronista del general Perón: la justicia social, la independencia económica y la soberanía de la patria. El objetivo de esas tres banderas es la felicidad del pueblo argentino, que ha labrado con tantos sacrificios y con tantos esfuerzos el general Perón. A él lo ha acompañado el pueblo argentino; lo han acompañado los humildes y, como dije en *La razón de mi vida*, aquí nuevamente se ha cumplido el milagro de hace dos mil años en Belén.

28-III-52

Plan agrario «Eva Perón»

Mi preocupación constante ha sido llevar al campo argentino el amor extraordinario que siente el general Perón por todos ustedes. Siempre he tenido una gran preocupación por llevar, junto a los salarios y a los buenos precios de las cosechas, el amor que siente el líder de los trabajadores por ustedes, y que también albergo yo dentro de mi corazón. Quiero que ustedes no vean en estas maquinarias agrícolas más que una embajada de amor. Agradezco también a los trabajadores que creen en ese puñado de hombres de buena voluntad que van a poner el hombro para llevar a cabo la obra de bien que queremos realizar. Ustedes llevarán adelante el plan agrario, porque ustedes son el alma: nosotros les damos la herramienta, les damos nuestro cariño y nuestra fe, y ustedes han de poner el trabajo, el sacrificio y la devoción para llevar adelante este plan y poderle decir al presidente y al mundo lo que puede hacer un pueblo honrado y trabajador capaz de apoyar patrióticamente a su presidente sembrando cada día más áreas para el país. Nuestro lema ha de ser: sembrar, sembrar y sembrar. Ésa es la única manera de abaratar los costos, y nosotros, en un esfuerzo de corazón, vamos a intentarlo...

...Quiero que en la Fundación no vean más que el amor de Evita. Yo quiero que la Fundación los sirva a ustedes en sus momentos de desaliento o de incertidumbre y represente para ustedes un punto de apoyo moral y material ante cualquier inconveniente que pudieran tener en su camino. Por eso les ofrezco mi institución, que es como ofrecerles mi corazón. Y al ofrecerles la institución que presido, no les ofrezco una cosa mía, tan cara a mis sentimientos porque la he creado con amor y cariño; les ofrezco una institución que no es mía, que es del pueblo, que es de ustedes. Por lo tanto, ustedes serán quienes la llevarán adelante.

1-V-52

Otra vez estoy en la lucha, otra vez estoy con ustedes, como ayer, como hoy y mañana. Estoy con ustedes para ser un arco iris de amor entre el pueblo y Perón; estoy con ustedes para ser ese puente de amor y felicidad que siempre he tratado de ser entre ustedes y el líder de los trabajadores.

Estoy otra vez con ustedes, como amiga y como hermana, y he de trabajar noche y día por hacer felices a los descamisados, porque sé que cumplo así con la patria y con Perón. He de estar noche y día trabajando por mitigar dolores y restañar heridas, porque sé que cumplo con esta legión de argentinos que está labrando una página brillante en la historia de la patria. Y así como este Primero de Mayo glorioso, mi general, quisiéramos venir muchos y muchos años y, dentro de muchos siglos, que vengan las futuras generaciones para decirle, en el bronce de su vida o en la vida de su bronce: ¡Presente, mi general!....

...Si es preciso haremos justicia con nuestras propias manos. Yo le pido a Dios no permita a esos insensatos levantar la mano contra Perón, porque ¡guay de ese día!, mi general, yo saldré con el pueblo trabajador, yo saldré con las mujeres del pueblo, yo saldré con los descamisados de la Patria para no dejar en pie ningún ladrillo que no sea peronista, porque nosotros no nos vamos a dejar aplastar más por la bota oligárquica y traidora de los vendepatrias que han explotado a la clase trabajadora; nosotros no nos vamos a dejar explotar jamás por los que, vendidos por cuatro monedas, sirven a sus amos de las metrópolis extranjeras y entregan al pueblo de su patria con la misma tranquilidad con que han vendido el país y sus conciencias; nosotros vamos a cuidar de Perón más que si fuera nuestra vida, porque nosotros cuidamos una causa que es la causa de la patria, causa del pueblo, causa de los ideales que hemos tenido en nuestros corazones durante tantos años. Hoy, gracias a Perón, estamos de pie virilmente. Los hombres se sienten más hombres y las mujeres nos sentimos más dignas, porque dentro de la debilidad de algunos y de la fortaleza de otros está el espíritu y el corazón de los argentinos para servir de escudo a la vida de Perón...

...Estén alertas. El enemigo acecha, no perdona jamás que un argentino, que un hombre de bien, el general Perón, esté trabajando por el bienestar de su pueblo y la grandeza de la patria. Los vendepatrias de adentro, que se venden por cuatro monedas, están también en acecho para dar el golpe en cualquier momento.

28-V-52

Nosotros debemos emplear siempre la palabra peronista. El general Perón toma una de las banderas del Peronismo, el Justicialismo, porque es un hombre de principios y de gran modestia. Pero para nosotros la única bandera es el Peronismo. La Revolución es peronista; la Constitución es peronista; el Gobierno es peronista y el Movimiento es peronista...

...El camino a recorrer es largo y a veces un poco arduo. No todas van a ser alegrías; a veces habrá muchas espinas. Pero piensen qué poco importa dejar en el camino jirones de nuestra vida si lo hacemos por el bien de los demás, si nuestro fruto ha de ser la grandeza y la felicidad del país.

TESTAMENTO

El testamento al pueblo argentino que Evita empezó a escribir el 29 de junio es leído, según su voluntad, el siguiente 17 de octubre.

Mi voluntad suprema:

Quiero vivir eternamente con Perón y con mi pueblo.

Ésta es mi voluntad absoluta y permanente y es, por lo tanto, mi última voluntad.

Donde está Perón y donde estén mis descamisados allí estará siempre mi corazón para quererlos con todas las fuerzas de mi vida y con todo el fanatismo que me quema el alma.

Si Dios lo llevase del mundo a Perón, yo me iría con él, porque no sería capaz de sobrevivir sin él, pero mi corazón se quedaría con mis descamisados, con mis mujeres, con mis obreros, con mis ancianos, con mis niños para ayudarlos a vivir con el cariño de mi amor, para ayudarlos a luchar con el fuego de mi fanatismo y para ayudarlos a sufrir con un poco de mis propios dolores.

Porque he sufrido mucho; pero mi dolor valía la felicidad de mi pueblo... y yo no quise negarme —yo no quiero negarme—, yo acepto sufrir hasta el último día de mi vida si eso sirve para restañar alguna herida o enjugar una lágrima.

Pero si Dios me llevase del mundo antes que a Perón yo quiero quedarme con él y con mi pueblo, y mi corazón y mi cariño y mi alma y mi fanatismo seguirán con ellos, seguirán viviendo en ellos haciendo todo el bien que falta, dándoles todo el amor que no les pude dar en los años de mi vida, y encendiendo en sus almas todos los días el fuego de mi fanatismo que me quema y me consume con una sed amarga e infinita.

Yo estaré con ellos para que sigan adelante por el camino abierto de la Justicia y de la Libertad hasta que llegue el día maravilloso de los pueblos.

Yo estaré con ellos peleando en contra de todo lo que no sea pueblo puro, en contra de todo lo que no sea la raza de los pueblos.

Yo estaré con ellos, con Perón y con mi pueblo, para pelear contra la oligarquía vendepatria y farsante, contra la raza maldita de los explotadores y de los mercaderes de los pueblos.

Dios es testigo de mi sinceridad; y él sabe que me consume el amor de mi raza que es el pueblo.

Todo lo que se opone al pueblo me indigna hasta los límites extremos de mi rebeldía y de mis odios.

Pero Dios sabe también que nunca he odiado a nadie por sí mismo, no he combatido a nadie por maldad sino por defender a mi pueblo; a mis obreros, a mis mujeres, a mis pobres «grasitas», a quienes nadie defendió jamás con más sinceridad que Perón y con más ardor que Evita.

Pero es más grande el amor de Perón por el pueblo

que mi amor: porque él, desde su situación de privilegio, supo llegar hasta el pueblo, comprenderlo y amarlo. Yo, en cambio, nací en el pueblo y sufrí en el pueblo. Tengo carne y alma y sangre de pueblo. Yo no podía hacer otra cosa que entregarme a mi pueblo.

Si muriese antes que Perón, quisiera que esta voluntad mía, la última y definitiva de mi vida, sea leída en acto público en plaza de Mayo, en la plaza del 17 de Octubre, ante mis queridos descamisados.

Quiero que sepan, en ese momento, que lo quise y que lo quiero a Perón con toda mi alma y que Perón es mi sol y mi cielo. Dios no me permitirá que mienta si yo repito en este momento una vez más: «no concibo el cielo sin Perón».

Pido a todos los obreros, a todos los humildes, a todos los descamisados, a todas las mujeres, a todos los niños y a todos los ancianos de mi patria que lo cuiden y lo acompañen como si fuesen yo misma.

Quiero que todos mis bienes queden a disposición de Perón como representante soberano y único del pueblo.

Yo considero que mis bienes son patrimonio del pueblo y el movimiento peronista, que es también del pueblo, y que todos mis derechos como autora de *La razón de mi vida* y de *Mi mensaje,* cuando se publique, sean también considerados como propiedad absoluta de Perón y del pueblo argentino.

Mientras viva Perón, él podrá hacer lo que quiera de todos mis bienes: venderlos, regalarlos e incluso quemarlos, porque todo en mi vida le pertenece, todo es de él, empezando por mi propia vida, que yo le entregué por amor y para siempre de una manera absoluta.

Pero después de Perón el único heredero de mis bienes debe ser el pueblo, y pido a los trabajadores y a las mujeres de mi pueblo que exijan por cualquier medio el cumplimiento inexorable de esta voluntad suprema de mi corazón que tanto los quiso.

Todos los bienes que he mencionado y aun los que hubiese omitido deberán servir al pueblo, de una o de otra manera.

Quisiera que se constituya con todos esos bienes un fondo permanente de ayuda social para los casos de desgracias colectivas que afecten a los pobres, y deseo que ellos lo acepten como una prueba más de mi cariño.

Deseo que en estos casos, por ejemplo, se entregase a cada familia un subsidio equivalente a los sueldos y salarios de un año, por lo menos.

También deseo que, con ese fondo permanente de Evita, se instituyan becas para que estudien hijos de los trabajadores y sean así los defensores de la doctrina de Perón, por cuya causa gustosa daría mi vida.

Mis joyas no me pertenecen. La mayor parte fueron regalos de mi pueblo. Pero aun las que recibí de mis amigos o de países extranjeros, o del general, quiero que vuelvan al pueblo.

No quiero que caigan jamás en manos de la oligarquía, y por eso deseo constituyan, en el museo del Peronismo, un valor permanente que sólo podrá ser utilizado en beneficio directo del pueblo.

Que así como el oro respalda la moneda de algunos países, mis joyas sean el respaldo de un crédito permanente que abrirán los bancos del país en beneficio del pueblo, a fin de que se construyan viviendas para los trabajadores de mi patria.

Desearía también que los pobres, los ancianos, los niños, mis descamisados sigan escribiéndome como lo hacen en estos tiempos de mi vida y que el monumento que quiso levantar para mí el Congreso de mi pueblo recoja las esperanzas de todos y las convierta en realidad por medio de mi Fundación, que quiero siempre pura como la concebí para mis descamisados.

Así yo me sentiré siempre cerca de mi pueblo y seguiré siendo el puente de amor tendido entre los descamisados y Perón.

Por fin quiero que todos sepan que si he cometido errores los he cometido por amor, y espero que Dios, que ha visto siempre mi corazón, me juzgue no por mis errores, ni mis defectos, ni mis culpas, que fueron muchos, sino por el amor que consume mi vida.

Mis últimas palabras son las mismas del principio: quiero vivir eternamente con Perón y con mi pueblo.

Dios me perdonará que yo prefiera quedarme con ellos, porque él también está con los humildes, y yo siempre he visto que en cada descamisado Dios me pedía un poco de amor que nunca le negué.

Eva Perón